公共卫生思政系列

职业卫生与职业医学
课程思政案例集

王 庆 肖勇梅 主编

·广州·

版权所有　翻印必究

图书在版编目（CIP）数据

职业卫生与职业医学课程思政案例集/王庆，肖勇梅主编． —广州：中山大学出版社，2023.12
（公共卫生思政系列）
ISBN 978-7-306-07965-7

Ⅰ. ①职… Ⅱ. ①王… ②肖… Ⅲ. ①高等学校—思想政治教育—教案（教育）—中国 Ⅳ. ①G641

中国国家版本馆 CIP 数据核字（2023）第 253538 号

ZHIYE WEISHENG YU ZHIYE YIXUE KECHENG SIZHENG AILI JI

出 版 人：	王天琪
策划编辑：	吕肖剑
责任编辑：	周明恩
封面设计：	曾　斌
责任校对：	徐馨芷
责任技编：	靳晓虹
出版发行：	中山大学出版社
电　　话：	编辑部 020 - 84110283，84113349，84111997，84110779，84110776
	发行部 020 - 84111998，84111981，84111160
地　　址：	广州市新港西路 135 号
邮　　编：	510275　　　　传　真：020 - 84036565
网　　址：	http://www.zsup.com.cn　　E-mail:zdcbs@mail.sysu.edu.cn
印 刷 者：	佛山市浩文彩色印刷有限公司
规　　格：	787mm×1092mm　1/16　9.75 印张　148 千字
版次印次：	2023 年 12 月第 1 版　2023 年 12 月第 1 次印刷
定　　价：	38.00 元

如发现本书因印装质量影响阅读，请与出版社发行部联系调换

编 委 会

主编 王 庆 肖勇梅
编委（按姓氏笔画排序）
　　邢秀梅　刘汝青　杨博逸　陈丽萍

融思政教育于专业培养

——"公共卫生思政系列"丛书序

陈春声

做好课程思想政治（简称"思政"）工作，是落实"三全育人"理念具有关键性意义的重要环节。如何在每一位任课教师的专业课程教学过程中，道法自然，润物无声，将思政教育的养分有机融入高层次专业人才培养的土壤之中，有效地达到知识传授、价值塑造和能力培养多元统一的目标，仍是高等教育界各位同仁正在孜孜以求的重大课题。令人高兴的是，中山大学公共卫生学院的教师们在自己的专业领域做了可贵的探索。中山大学出版社出版的"公共卫生思政系列"丛书，为课程思政工作提供了一个可重复、可借鉴的范例。

中山大学公共卫生学院的教师们在教师党支部的引领下，结合各二级学科的特点和资源，胸怀"立德树人"，培养德智体美劳全面发展的公共卫生事业年轻一代专业工作者的责任感和使命感，编写了《职业卫生与职业医学课程思政案例集》《流行病学课程思政案例集》《儿童少年卫生学课程思政案例集》《营养与食品卫生学课程思政案例集》《环境卫生学课程思政案例集》《卫生管理学课程思政案例集》《卫生毒理学课程思政案例集》《卫生统计学课程思政案例集》和《百年党史中的公共卫生》9本与专业教学内容密切配合的辅助教材。这些教材以丰富、生动的专业案例，着力让学生从公共卫生与预防医学专业课程中体验和感悟爱国精神、专业精神、求实精神及奉献精神，恪守规范，自成体系，讲求情理融汇，以文化人。这样的努力，真的是难能可贵。

公共卫生与预防医学旨在以多学科融合的方式，组织社会力量共同努力，改善环境卫生条件，培养人们良好的卫生习惯和文明的生活方式，研究疾病的发生与分布规律以及影响健康的各种因素，制定预防对策和措施，预防与控制传染病和其他疾病的流行，提供医疗服务，达到促进人民身体健康、提高生命质量的目的。因此，公共卫生与预防医学学科的专业教学内容，天然地蕴含着关注人群、造福百姓、胸怀家国、服务人类命运共同体的思政教育成分。一代代为人类健康事业做出贡献的公共卫生与预防医学领域的前辈学者，更是后来者接续奋斗的不朽榜样。这些都为本学科课程思政教学奠定了厚重的学术基础，提供了丰富而感人的专业案例。

翻阅这套丛书，其中选录的200多个案例内容涵盖古今中外，既包括古代中国与百姓健康相关的思想和实践，也有近代欧美公共卫生与预防医学发展过程中的经验与教训；既系统讲述了苦难辉煌历程中历代中国共产党人对公共卫生事业的重视，也阐释了近年党和国家正确应对重大公共卫生事件的举措和政策；既有本学科发展历程中重要的科学实验、队列研究、疾患救治等丰富而生动的案例，又有一些因生态恶化、环境污染、劳动保护不足等引发对人群健康问题反思的个案。案例平实且深刻，专业而不造作。

习近平总书记高度关注公共卫生与预防医学事业的发展，重视高素质公共卫生人才的培养，明确提出"要建设一批高水平公共卫生学院，着力培养能解决病原学鉴定、疫情形势研判和传播规律研究、现场流行病学调查、实验室检测等实际问题的人才"①。中山大学公共卫生学院的教师们，根据习近平总书记的指示和精神，努力为公共卫生与预防医学高素质人才的自主培养添砖加瓦。相信这套由该学院各二级学科近20位教师合作主编的丛书，对于公共卫生与预防医学专业的教师和学生们来说，都是开卷有益的。

让人印象深刻的是，这套丛书自编写之初就高度重视其运用于专业教学实践的可操作性。丛书各分册的选题和公共卫生与预防医学专业本科教学基础课的体系相衔接，篇章目录与国内大多数公共卫生学院必修课的教学大纲基本一致。尽管这套丛书是集体合作的成果，汇聚了各学科专家和众多工作人员的智慧与辛劳，但保持了体例一致、章节篇幅规整和文字叙述风格相近的特点，较好地达到了专业辅助教材编写的标准。可以说，这是一项在课程思政建设中具有可重复性意义的工作，其经验值得在其他专业的课程思政教学中推广。

中山大学公共卫生与预防医学学科具有优良的办学传统和丰厚的学术积累，在筚路蓝缕、追求卓越的不凡历程中，形成了富有特色的"教学育人为主体、科学研究为先导、服务社会为己任"的办学理念，成绩斐然。尤其令人感佩的是，中山大学公共卫生与预防医学专业师生们的大爱之心和奉献精神。适逢中山大学世纪华诞之际，"公共卫生思政系列"丛书的出版，也可视为献给百年校庆的一份贺礼。

是为序。

---

① 习近平：《构建起强大的公共卫生体系为维护人民健康提供有力保障》，载《求是》2020年第18期，第7页。

目　　录

第一章　绪　论……………………………………………… 1
　第一节　课程思政教学设计…………………………… 1
　　一、案例教学适用范围………………………………… 1
　　二、课程教学目标……………………………………… 1
　　三、教学方法…………………………………………… 2
　第二节　课程思政案例及分析………………………… 3
　　一、我国职业卫生的前世今生：从《谈苑》到
　　　　《职业病防治法》………………………………… 3
　　二、职业卫生学先驱——周炳亮教授、何玉莺教授…… 9

第二章　职业卫生与职业医学研究方法及应用………… 14
　第一节　课程思政教学设计…………………………… 14
　　一、案例教学适用范围………………………………… 14
　　二、课程教学目标……………………………………… 14
　　三、教学方法…………………………………………… 15
　第二节　课程思政案例及分析………………………… 16
　　一、我国10省市自治区尘肺病调查研究……………… 16
　　二、中成药在铅中毒患者治疗中的应用……………… 20
　　三、对"996"说不，减负保障职工身心健康 ……… 23

四、全方位构建有温度的人文环境，护航职业
心理健康 ………………………………………… 29
五、多元化应对"内卷"职场 …………………………… 32
六、科技发展助力环卫工人健康促进工作 ………… 35

第三章 生产性毒物与职业中毒 …………………………… 40
第一节 课程思政教学设计 ……………………………… 40
一、案例教学适用范围 …………………………………… 40
二、课程教学目标 ………………………………………… 40
三、教学方法 ……………………………………………… 43
第二节 课程思政案例及分析 …………………………… 45
一、工业灾难"水俣病"与"痛痛病"的启发
与思考 …………………………………………… 45
二、丁光生教授以身试药，终于研制出广谱
解毒药二巯丁二钠和二巯丁二酸 ……………… 48
三、光气脱除塔冷凝器泄漏中毒事故 ………………… 51
四、河北某特种橡胶股份有限公司氯气中毒事故 … 54
五、佛山市某炼铁厂急性一氧化碳中毒事故 ………… 57
六、一起急性窒息性气体二氧化碳中毒事件 ……… 60
七、发现苯结构的故事 ………………………………… 62
八、三氯乙烯中毒"猛于虎" …………………………… 64
九、溴丙烷中毒的破案推理过程 ……………………… 66
十、饱受争议的染发剂致癌 …………………………… 68
十一、高分子化学奠基人施陶丁格
与化学的不解之缘 ……………………………… 70
十二、精准农业农药喷洒机器人加速农业
智能化进程 ……………………………………… 71
十三、无毒农药是否有毒？ ……………………………… 73

第四章 生产性粉尘与职业性肺部疾患 …… 78
第一节 课程思政教学设计 …… 78
一、案例教学适用范围 …… 78
二、课程教学目标 …… 78
三、教学方法 …… 79
第二节 课程思政案例及分析 …… 80
一、张海超"开胸验肺"事件 …… 80
二、防尘八字方针经验在我国尘肺病防治中发挥巨大作用 …… 83

第五章 物理因素 …… 87
第一节 课程思政教学设计 …… 87
一、案例教学适用范围 …… 87
二、课程教学目标 …… 87
三、教学方法 …… 88
第二节 课程思政案例及分析 …… 89
一、人人享有职业健康保健,实现全职业生命周期健康管理——东莞手臂振动病事件 …… 89
二、不忘初心,一生为劳动者健康服务——顾学箕教授 …… 92

第六章 职业性致癌因素与职业肿瘤 …… 96
第一节 课程思政教学设计 …… 96
一、案例教学适用范围 …… 96
二、课程教学目标 …… 96
三、教学方法 …… 97
第二节 课程思政案例及分析 …… 97
职业性肿瘤——苯致白血病诊断争议 …… 97

第七章　生物性有害因素所致职业性损害……102
第一节　课程思政教学设计……102
一、案例教学适用范围……102
二、课程教学目标……102
三、教学方法……103
第二节　课程思政案例及分析……103
布鲁氏杆菌病发病率呈上升趋势，人们忽略了什么？
……103

第八章　职业性伤害……107
第一节　课程思政教学设计……107
一、案例教学适用范围……107
二、课程教学目标……107
三、教学方法……108
第二节　课程思政案例及分析……109
一、"3·21"响水化工厂爆炸事故……109
二、副教授公交车上猝死，工伤认定被否……112

第九章　职业性有害因素的识别与评价……115
第一节　课程思政教学设计……115
一、案例教学适用范围……115
二、课程教学目标……115
三、教学方法……116
第二节　课程思政案例及分析……116
新时代职业病防治的工作重点——新旧并重……116

第十章　职业性有害因素的预防与控制……121
第一节　课程思政教学设计……121

一、案例教学适用范围……………………………… 121
　　二、课程教学目标…………………………………… 121
　　三、教学方法………………………………………… 122
　第二节　课程思政案例及分析……………………………… 123
　　一、从《职业病防治法》的制定、实施和完善过程
　　　　看我国职业病防治工作成就……………………… 123
　　二、河北省高碑店苯中毒事件……………………… 127

第十一章　主要行业的职业卫生…………………………… 131
　第一节　课程思政教学设计………………………………… 131
　　一、案例教学适用范围……………………………… 131
　　二、课程教学目标…………………………………… 131
　　三、教学方法………………………………………… 132
　第二节　课程思政案例及分析……………………………… 132
　　一、纳米材料是一把"双刃剑"……………………… 132
　　二、"一带一路"上的绿色矿山……………………… 135
　　三、首例"过劳死"案件……………………………… 136
　　四、机长缺氧飞行近20分钟成功迫降……………… 139

第一章 绪 论

第一节 课程思政教学设计

一、案例教学适用范围

本案例适用于"职业卫生与职业医学""劳动卫生与职业病学""预防医学"等本科生和研究生课程的职业卫生和职业医学基本概念及发展简史相关内容的教学。

二、课程教学目标

1. 知识目标

（1）掌握职业卫生与职业医学、职业有害因素、职业与健康的关系、职业性损害三级预防的概念与内容。

（2）了解职业卫生与职业医学的地位和作用。

（3）了解职业卫生与职业医学简史、我国职业卫生面临的主要问题及展望。

2. 能力目标

（1）通过案例讨论，让学生认识到职业卫生与职业医学的地位和重要性。

（2）通过案例讨论，让学生了解我国职业卫生体系的建设与发展历程。

（3）通过案例，介绍知名职业卫生学先辈的生平事迹，为学生树立榜样。

3. 价值目标

（1）使学生了解我国职业卫生学的历史及其在守护人民生命健康中的重要作用，增强学生的文化自信，培养学生的社会责任感。

（2）介绍我国职业卫生学先辈的生平事迹，为学生树立榜样，引导学生学习先辈求真务实的科研精神和胸怀祖国、服务人民的爱国情怀。

三、教学方法

本章课程教学适宜采用教师讲授和小组案例讨论相结合的教学方式。教师对案例进行讲授，将课程教学的知识目标、能力目标和价值目标融入案例并提出讨论问题。学生以小组为单位学习案例并进行讨论，各抒己见，交流体会。这不仅有助于提高学生的文化自信、增强爱国情感，而且能调动学生学习本门课程的积极性。

第二节 课程思政案例及分析

一、我国职业卫生的前世今生：从《谈苑》到《职业病防治法》

（一）案例内容

中华文明源远流长。早在几千年前，我国就有关于职业卫生的文献记载。古人对一些职业病的危害已有一定认识，同时积累了一些简单的防治经验。比如，宋代的孔平仲在《谈苑》中，记载了银匠的慢性汞中毒症状："后苑银作镀金，为水银所熏，头手俱颤。"《谈苑》也介绍了矽肺的病因是粉尘："贾谷山采石人，石末伤肺，肺焦多死。"这是我国职业卫生预防知识方面最早的文字记录。

明清时，随着矿冶、纺织、印染等手工业的发展，各种职业病逐渐增多，引起了人们的重视。李时珍在《本草纲目》中，明确记载了铅矿工人的铅中毒："铅生山穴石间，人挟油灯，入至数里，随矿脉上下曲折斫取之，其气毒人，若连月不出，则皮肤痿黄，腹胀不能食，多致疾而死。"到了明朝后期，宋应星所著《天工开物》一书中，记录了如何避免劳动者受到职业病危害，保护劳动者健康的措施："初见煤端时，毒气灼人。有将巨竹凿去中节，尖锐其末，插入炭中，其毒烟从竹中透上，人从其下施钁拾取者。"书中讲述的，是将楠竹凿空，相互连接，用于煤矿井下排除毒气的方法［图1-1（左）］。《天工开物》中不仅描述了烧砒霜的方法,还记载了烧砒霜时预防砷中毒的方法:"凡烧砒时,立者必于上风十余丈外。下风所近,草木皆死。烧砒之人经两载即改徙,否则须发尽落。"书中指出,烧砒(三氧化二砷)工人应站在上风向操作,保持十余丈距离以避免中毒[图1-1(右)]。同时,医者们在临证中也逐渐积累了若干职业病知识和相关防治经验。比如,明代著名中医薛己在《内科摘要》中,记载了一例银匠职业病的治疗方案:一银匠因常接触冶炼物,产生劳倦、寒热及手麻症状。薛己认为,此症为职业所致。他采取"补中益气及温和之药煎汤渍手"的方案对其进行治疗。总之,在中国古代,职业病防治学就已取得一些成就,有了良好的开端。

图1-1 《天工开物》中的南方挖煤图(左)和烧砒图(右)

新中国成立后,卫生事业突飞猛进,其中就包括职业病防治工作。早在1952年,毛泽东主席就指出:"必须注意职工的安全、健康和必不可少的福利事业。"党和国家的一系列方针政策及会议决议，体现了对职业病防治工作的高度重视。例如，1954年颁布的第一部《中华人民共和国宪法》明确规定："改善劳动条件""劳动者在年老、疾病或者丧失劳动能力的时候，有获得物质帮助的权利"等；1956年，首部劳动卫生方面的国家标准《工业企业设计暂行卫生标准》颁布；1957年，卫生部颁布的《职业病范围和职业病患者处理办法的规定》，将14种病因明确、危害较大的职业性疾患列为法定职业病，初步解决了当时职业卫生工作无标可依、无章可循的问题。1957年，劳动部、卫生部和中华全国总工会联合召开首次全国防止矽尘危害工作会议。会上讨论形成以"革、水、密、风、护、管、教、查"为内容的综合防尘"八字方针"，并于次年颁布防止矽尘危害的四个"办法"。

表1-1 我国职业卫生法规建设历史

年份	法规
1950	《工厂卫生暂行条例草案（试行）》
1951	《劳动保险条例》
1956	《工厂安全卫生规程》《建筑安装工程安全技术规程》《工人、职员伤亡事故报告规程》《职业中毒与职业病报告试行办法》
1957	《职业病范围和职业病患者处理办法的规定》
1958	《矿山防止矽尘危害技术措施暂行办法》《工厂防止矽尘危害技术措施暂行办法》 《矽尘作业工人医疗预防措施暂行办法》《产生矽尘的厂矿企业防痨工作暂行办法》
1982	《职业中毒和职业病报告办法》
1983	《职业中毒与职业病报告试行办法》修订为《职业病报告办法》
1984	《关于加强防尘防毒工作的决定》

续表 1-1

年份	法规
1987	《尘肺病防治条例》 修订《职业病范围和职业病患者处理办法的规定》
1989	《放射性同位素与射线装置放射防护条例》
1993	《女职工保健工作规定》
2002	《职业病防治法》《使用有毒物品作业场所劳动保护条例》
2011	修订《职业病防治法》
2012	《工作场所职业卫生监督管理规定》《职业病危害项目申报办法》《用人单位职业健康监护监督管理办法》《职业卫生技术服务机构监督管理暂行办法》《建设项目职业卫生"三同时"监督管理暂行办法》
2013	修订《职业病诊断与鉴定管理办法》
2016	修订《职业病防治法》
2017	修订《职业病防治法》
2018	修订《职业病防治法》

改革开放以来，我国现代化产业发展迅速，进一步加快了职业病防治体系的完善与发展。1983 年，颁布一年的《职业中毒与职业病报告试行办法》，被正式修订为《职业病报告办法》。1987 年，《职业病范围和职业病患者处理办法的规定》被修订，将法定职业病名单扩大到 9 类 99 种。2001 年 10 月，在多年调查研究的基础上，第九届全国人民代表大会常务委员会通过《中华人民共和国职业病防治法》（简称《职业病防治法》），并于 2002 年 5 月 1 日起正式实施。这标志着职业病防治进入法制化、科学化的新时期。为配合《职业病防治法》的实施，国务院、卫生部相继发布实施一系列配套法规、规章和规范性文件，制定和修订各类职业卫生标准 636 项。至此，我国职业病防治法律体

系框架基本形成。之后,《职业病防治法》经过数次修订,于2018年完成第四次修订。这些法规和标准的颁布,极大地促进了职业卫生工作的开展,拓宽了职业卫生的范围,进一步健全了我国职业卫生制度。

党的十八大以来,健康中国建设持续推进。2016年10月,中共中央、国务院印发《"健康中国2030"规划纲要》,明确要求推进职业病危害源头治理,预防和控制职业病发生。12月,中共中央、国务院印发《关于推进安全生产领域改革发展的意见》和《国家职业病防治规划(2016—2020年)》,对职业健康领域改革发展也提出系统性、具体化的目标和要求,明确此后几年职业病防治工作的主要任务。2020年4月,国家卫生健康委员会(简称"国家卫生健康委")印发《关于加强职业病防治技术支撑体系建设的指导意见》,提出的总体目标为:到2025年,健全完善国家、省、市、县四级并向乡镇延伸的职业病防治技术支撑体系,基础设施、人才队伍和学科建设进一步加强,监测评估、工程防护、诊断救治等技术支撑能力进一步提升,满足新时期职业病防治工作的需要。

在中国共产党的领导下,在广大职业卫生工作者的艰苦努力下,我国已形成较完善的职业安全卫生监管体系,建成了覆盖全国的职业卫生和职业病防治网络。

(二)案例分析

(1)中国古人职业病防治的宝贵经验仍值得借鉴。习近平总书记指出:"文化自信是更基础、更广泛、更深厚的自信。"在五千多年文明发展中孕育的中华优秀传统文化,在党和人民伟大斗争中孕育的革命文化和社会主义先进文化,积淀着中华民族最深层的精神追求,代表着中华民族独特的精神标识。我们从《谈苑》《本草纲目》《天工开物》等古籍中,能看到先贤们对有毒、有害因素影响健康的细致观察，也可以学习他们采取的简便、有效的防控措施。这些中华民族的优秀传统文化，对于解决人类的职业健康问题具有重要价值。

（2）把人民健康放在首位。从新中国成立开始，中国共产党始终强调：要维护人民群众的健康，坚持关注生命全周期、健康全过程，把人民群众的健康放在首位，完善国民健康政策，让广大人民群众享有公平可及、系统连续的健康服务。将职业健康保护行动作为健康中国行动的15项专项行动之一，从过去的传统职业病防治转变到全方位、全职业人群健康保护，把职业健康与深化医改、疾控体系改革相结合，加强技术支撑能力建设，将职业病防治纳入基本公共卫生服务项目，纳入健康中国行动同步实施和推进，切实保护广大劳动者的职业健康。

（3）高度重视职业健康对于社会可持续发展的重要作用。劳动者的职业生涯至少占生命周期的一半以上。职业卫生与人民群众的健康密切相关，是预防医学的重要分支。保护广大劳动者在职业活动中的安全和健康，始终是我国的一项基本国策。从我国职业卫生的前生今世，可以看到我国一直以来对职业卫生工作的高度重视。职业病防治事关广大劳动者的健康和经济社会的可持续发展。因此，作为职业卫生研究者，应为国家制定职业病防治法律、法规、控制对策等提供科学依据和技术支持，为保护劳动者的健康贡献出自己的力量。

（三）课堂讨论

我国在近代职业卫生与职业医学发展中取得了哪些成就？当前面临哪些挑战？

二、职业卫生学先驱——周炯亮教授、何玉莺教授

(一) 案例内容

周炯亮教授是我国著名的职业医学和毒理学家,也是中山医科大学公共卫生学院的首任院长。1947—1953 年,周炯亮于广州私立岭南大学(现中山大学)医学院医学系毕业并留校任教,历任卫生学教研室副主任、主任,公共卫生系副主任、主任。20 世纪 50 年代,周炯亮参加了北京医学院公共卫生高师班,是我国培养的第一批预防医学专业人才。60 年代,周炯亮在中国医学科学院卫生研究所工业毒理研究所进修,并率先在广东省开展职业毒理学研究。随后,他前往美国北卡罗来纳州立大学访问进修。回国后,他不畏条件艰苦,建立实验室,承担了(首批)国家自然科学基金课题和(首批)国家攻关项目——"七五"攻关课题,取得丰硕的科研成果。1976 年,周炯亮积极参与筹建,成立了中山医科大学卫生系,并任系副主任。1979 年,周炯亮领导的劳动卫生学教研室被教育部批准为劳动卫生学硕士学位授权点。1980—1983 年,周炯亮先后前往美国北卡罗来纳州立大学环境毒理及化学工业毒理研究所、英国伦敦大学(社会医学及职业医学)和美国哈佛大学(卫生管理学)进行学术访问,这为此后中山医科大学成立公共卫生学院做了充分准备。1986 年,中山医科大学公共卫生学院正式成立,公共卫生系更名为公共卫生学院,周炯亮担任首任院长。此后,他一直致力于学院的发展。1992 年,周炯亮与张桥教授、陈成章教授经过不懈努力,在学院成立环境与职业医学中心和行为医学中心,带动了学院多个学科的发展,为新时期医学教育模式转变和社区卫生

工作做出重要贡献。

周炯亮教授从事预防医学、职业卫生学及毒理学教研工作长达50年。作为一位学者，他严谨治学，在职业卫生学及毒理学领域的研究成果获得了1995年国家卫生部（现国家卫生健康委员会）科技进步三等奖、广东省科技进步二等奖和广东省医药卫生科技进步一等奖。周炯亮还编写出版了《化学性肝损害》（人民卫生出版社）、《汽车驾驶员的心理、卫生与安全》（科学出版社）等著作。随着中国改革开放和1997年香港回归，毗邻香港的广东省成为国内外投资的热土，短时间涌现出许多不同投资类型、不同规模的生产企业，企业用工形式也发生了巨变。面对这种巨变，一方面，中国当时严重缺乏职业有害因素识别、评价和职业卫生管理的人才，工人缺乏职业病危害及防护的知识；另一方面，生产企业，尤其是涉外企业，不了解中国在职业病报告和职业卫生管理的相关法律、法规及标准，出现了企业违规生产，给工人健康造成损害的情况。为此，周炯亮等人编写了《涉外工业职业安全卫生指南》（广东科技出版社），成为许多国际大企业的重要参考资料。周炯亮也是《现代劳动卫生学》（人民卫生出版社）、《化学物质毒性全书》（上海科技文献出版社）这两本重要参考书籍的副主编。他是亚洲毒理学会的创始人之一，曾任第二副主席，两次担任中国毒理学会副理事长。作为一位院长，他为公共卫生事业的发展不辞劳苦；作为一位老师，他把毕生精力投入预防医学和公共卫生教学，他坚持理论联系实际，把"预防为主"的思想贯彻到每一节课中。他授课思路清晰、形象生动、深入浅出，深受学生的喜爱，他因材施教，培养了一大批享誉国内外的优秀人才。他的学生有：庄志雄，曾任中国毒理学会理事长、深圳市疾病预防控制中心主任；杨杏芬，联合国粮农组织和世界卫生组织联合食品添加剂专家委员会专家、南方医科大学公共卫生学院院长；陈哲生，美国圣约翰大学药学系终身教授、肿瘤药理室主任和生物技术研究院院长，国际期刊主编；李芳红，国家特聘教授、广东工业大学生物医药学院教授；等等。

2011年9月，周炯亮教授因病去世，享年83岁。

何玉莺1959年于中山医学院医疗系毕业后留校任教，历任劳动卫生教研室助教、讲师、副教授、教授；曾赴美学习，1998年退休。留校后，她一直在公共卫生学院劳动卫生学教研室从事教学和科研工作。她的专业研究方向为劳动卫生与职业病、卫生毒理学、毒理病理学等。在教学中，她注重引导学生重视预防医学，树立为人民健康服务的思想，坚持理论结合实践。她提倡将实验课开到劳动现场，让学生到基层调查研究，撰写调查报告。她提出："学习不能只停留于理论层面，要多结合实践，为以后的工作打下坚实的基础。我们在努力学习理论知识的同时也要多参加实践活动，提高实践能力。""关心农村的水质改革、粪便管理、农村学校的卫生环境以及矿工生产生活的环境等实际问题。"她带领团队成员和学生深入厂矿，系统研究了国内外生产上广泛应用的七种工业原料（黄磷、铝、锰、三硝基甲苯、四氯化碳、氯乙醇、半乳糖胺盐）对肾上腺皮质的损害规律及中毒机理。结合实际，她起草了《车间空气中三氯化磷卫生标准（GB 11516—89）》。这在我国乃属首次。

何玉莺从小学习刻苦自律，立志报效祖国。她总说："我有四个母亲：祖国、党、母校和我的母亲。"她一辈子辛勤劳动、兢兢业业，为祖国职业卫生事业和母校的教育工作做出了突出贡献。即使退休后，她仍心心念念着国家卫生事业的发展，为母校的教育工作发挥余热。

（二）案例分析

学习先辈精神，不忘健康使命，爱校、爱院、爱专业。

本案例介绍了两位全国著名的职业卫生学前辈——周炯亮教授、何玉莺教授的事迹。周炯亮严谨治学、开拓创新，是中山医科大学公共卫生学院首任院长。何玉莺心系人民，乐于奉献，为职业卫生事业和教育工作做出了突出贡献。他们用自己的一生诠释了老一辈中国公卫人的科研精神与爱国情怀。作为公卫的学子，我们应学习先辈求真务实的科研精神和胸怀祖国、服务人民的爱国情怀，关心人民群众健康，爱校、爱院、爱专业，刻苦钻研，将研究课题与祖国人民的需要结合在一起，为祖国的卫生事业贡献自己的一分力量。

（三）课堂讨论

请思考立志与实现目标的计划。

参考文献

［1］孔平仲. 孔氏谈苑［M］. 王恒展（校点）. 济南：齐鲁书社，2014.

［2］李时珍. 本草纲目（校点本）（套装上、下册）［M］. 2版. 北京：人民卫生出版社，2007.

［3］宋应星. 天工开物：精装插图［M］. 邹其昌（整理）. 北京：中国画报出版社，2013.

［4］薛己著，吴少祯编，柳长华，申玮红注. 内科摘要［M］. 北京：中国医药科技出版社，2019.

［5］樊晶光，王海椒，张建芳，等. 我国职业卫生工作70年回顾与展望［J］. 职业卫生与应急救援，2019，37（6）：507－511.

［6］李涛，王焕强. 我国职业健康监护体系的历史和发展［J］. 工业卫生与职业病，2012，38（6）：321－326.

［7］王海椒，贾世国，张鸽，等. 中国共产党领导下的职

业卫生工作成就［J］. 环境与职业医学, 2021, 38（12）: 1318-1326.

［8］樊晶光. 职业卫生70年的改革与探索［J］. 劳动保护, 2019（10）: 24-27.

［9］朱素蓉, 戴云, 高智群, 等. 我国职业病防治法律体系的历史、现状和发展［J］. 环境与职业医学, 2013, 30（11）: 839-841, 846.

［10］张继芳. 传承: 中山大学公共卫生学院教授访谈实录［Z］. 2012.

（肖勇梅　吕彦蓉）

第二章　职业卫生与职业医学研究方法及应用

第一节　课程思政教学设计

一、案例教学适用范围

本案例适用于"职业卫生与职业医学""劳动卫生与职业病学"等本科生和研究生课程的职业卫生与职业医学的研究方法、职业生理学、职业心理学和职业工效学相关章节内容的教学。

二、课程教学目标

1. 知识目标

（1）掌握职业卫生和职业医学研究的基本方法及体力劳动过程中的生理变化和适应方法。

（2）熟悉职业流行病学的设计和研究方法、职业工效学的基本理论。

（3）了解劳动过程的生理变化和适应、职业心理学和职业毒理学。

2. **能力目标**

（1）通过案例讨论，使学生能够运用职业卫生和职业医学的研究方法筛查职业健康损害的病因并探索防护策略和措施制定方法。

（2）通过学习使学生具备分析工作场所工效学危害因素的基本能力。

（3）能将职业心理学基本理论运用于制定指导职业健康的措施。

3. **价值目标**

（1）通过小组案例讨论的教学活动，增强学生的学习主动性、成就感和自信心，培养团队协作能力，提高学生的表达沟通能力。

（2）通过案例讨论，让学生深刻理解习近平总书记所要求的"医防融合"，理解职业健康危害是可防、可控的，不仅涉及传统的公共卫生问题和诊疗问题，而且涉及相关监管法律法规规制、企业组织架构、文化氛围、社区支持等多维度的公共卫生治理问题。从事职业危害防护，保障职业健康安全，不仅要有扎实的公共卫生和医学专业素养及专业知识，而且需要具备良好的人文精神和健康为公的情怀。

（3）通过案例分析，展示科技工作者的科研情怀，激励学生向优秀前辈学习，培养学生的探究精神和奉献精神。

三、教学方法

职业卫生与职业医学研究方法（职业流行病学和卫生毒理学）相关内容的教学适宜采用翻转课堂教学法，学生提前自学慕课和讨论案例，线下理论课程授课可充分结合教师讲授和小组案例讨论等授课形式。教师提出讨论问题，将课程教学的知识目标、能力目标和价值目标融入案例讨论，并通过实际情况讲述，让学生能够做到理论联系实际，提高学生学习的积极性和主动性。

职业生理学和职业心理学相关内容教学，可采用"以学生为中心"的多维形式，引导学生课前阅读相关案例、文献。上课时，教师结合教学知识点的讲授，通过小组案例讨论、案例演绎、课堂展示等形式，将知识目标、能力目标、价值目标融入案例教学。

职业工效学相关内容教学，适宜采用翻转课堂教学法。教师引导学生自主学习、鼓励学生思考提问。上课时，教师通过问题回答、课堂讨论、小组演讲等形式，将知识目标、能力目标、价值目标融入案例讨论。

第二节　课程思政案例及分析

一、我国10省市自治区尘肺病调查研究

（一）案例内容

尘肺病是人们在职业活动中长期吸入不同致病性的生产性粉尘并在肺内潴留而引起的以肺组织弥漫性纤维化为主的一组职业性肺部疾病的统称，按我国《职业病分类和目录》，尘肺病主要包括矽肺、煤工尘肺、石墨尘肺、炭黑尘肺、石棉肺、滑石尘肺、水泥尘肺、云母尘肺、陶工尘肺、铝尘肺、电焊工尘肺、铸工尘肺12种。尘肺病病因明确，是完全可以预防和控制的疾病，但目前仍是我国危害最严重和最常见的职业病。自2010年以来，

每年报告尘肺新发病例数均突破 2 万例。截至 2017 年，我国累计报告职业病病例 95 万余例，其中尘肺 85 万余例，占比约 89.8%，其中主要是矽肺和煤工尘肺。2015 年，全球疾病负担研究公布的资料显示，我国 2015 年死亡的尘肺病例估计为 9538 例（95% 可信区间为 8430～11013 例），矽肺病例估计为 6456 例（95% 可信区间为 5656～7533）例。

根据相关的调查研究，我国每例尘肺患者年均医疗费用为 1.905 万元，其他费用和间接费用为 4.579 万元，以尘肺病例诊断后平均 32 年生存期计算，不考虑通货膨胀因素，平均每例患者患病后将造成的经济负担为 207.5 万元。由于尘肺病发生多需要 10～20 年甚至更长的接尘工龄，且脱离粉尘接触后仍可以发病，因此预计在未来的 20 年甚至更长时间内仍将有大量尘肺新病例陆续发生。尘肺病现患病例及连续不断发生的新病例将形成越来越大的尘肺患者群体，已成为我国严重的公共卫生问题。

基于此现状，杭州市职业病防治院的研究者对我国 10 个省市自治区（湖南、山西、福建、辽宁、广西、甘肃、重庆、青海、陕西、河南）的农民工尘肺病患者进行了横断面调查。该研究于 2019 年完成，共调查了 1731 例尘肺病患者，其中男性占 99.2%，女性仅占 0.8%；平均年龄为 53 岁，年龄最大的 83 岁，最小的 32 岁，患者中青壮年比例最大；各地患者平均年龄为 50～59 岁不等；文化程度方面，初中及以下的人数占 96%。尘肺分期情况显示 1、2 和 3 期的患者分别占 12.0%、24.8% 和 37.8%。另外，从接尘史方面来看，首次从事高粉尘工作的年龄主要在 31 岁以下，占总人数的 79%，接尘时间大多在 31 年以下，占总人数的 92%。所从事的行业主要为矿物开采（83%），从事接尘工作的原因主要是因为收入较高。医疗负担方面，看门诊人数占 73% 以上，约 65% 的患者因经济负担太重没有住院。经济状况方面，56% 处于不干活或者休息状态，选择继续打工者仅占18%；总体年平均收入小于年平均支出，整体处于入不敷出状态。在所有患者中，有510例患者享受地方政府的精准扶贫和政策保障。

最后，研究者根据上述结果分析得出以下结论：中国农民工尘肺病患者很多因年龄偏大、学历偏低、流动性大、劳动关系难鉴定等，无法享受《职业病防治法》和《工伤保险条例》等规定的相关待遇。农民工尘肺病患者大多丧失劳动能力和经济来源，且医疗负担较重，尽管各地区针对性地出台相关保障措施，但仍有许多患者未得到有效救助。随着国家和地方政府陆续出台多项保障政策，农民工尘肺病患者生活和医疗困难得到一定程度的缓解，但需求供给形势依旧严峻。为更好地保护农民工尘肺病患者的健康与权益，建议相关部门可从以下七个方面着手以改善现状：

（1）摸底排查涉尘农民工现状，制定差异性防治政策。

（2）将涉尘农民工健康保护纳入"健康中国"和"健康企业"以及地方政府的考核之中。

（3）政府成立尘肺病防治专项资金，对农民工尘肺病患者实行专项救助。

（4）开通农民工尘肺病患者社会救助渠道，鼓励社会慈善机构加入医疗救助体系。

（5）依据行业类别成立相关行业协会，总结职业病防治中好的经验并及时分享，建立企业互帮互助机制。

（6）在农民工尘肺病患者聚集地建立尘肺病康复站及康复社区，对农民工尘肺病患者进行集中康复治疗。

（7）建立群发性职业病危机干预体系。

（二）案例分析

（1）掌握流行病学方法对开展职业卫生和保障职业健康的

重要性。该研究采用了流行病学研究中最常见的横断面调查的设计方法。在方法学上，这种研究耗时较短，可在有限的时间内最大可能地摸清疾病的分布及其可能的危险因素。考虑到我国可能存在的农民工尘肺病的堪忧现状，以及在治疗和预防方面可能存在的不足，研究者采用该方法快速地实现了对我国尘肺病患者的基本状况、危险因素以及治疗管理状况的了解。该方法非常明显地体现出了横断面研究的优势和特色。流行病学研究设计虽有多种，但每种研究均有其优势和不足，如何针对具体的职业健康问题，选择合适的方法，以达到最佳的研究效果，是该章节需要重点关注和学习的问题，也是开展职业卫生工作和保障职业健康的重要前提条件。

（2）社会主义制度的优越性。在该案例中，研究者专门分析了政府在救治尘肺病患者过程中的努力，即将其纳入精准扶贫的范围内，此措施最大限度地实现了医疗和生活补助。同时，这也为国家基于精准扶贫政策进行尘肺病的救治提供了重要的基础数据和启发作用，体现了社会主义制度在人民健康促进中的优越性和有效性。

（3）将科学研究和家国情怀相结合。开展职业医学和职业卫生研究的最终目的是通过提供研究证据，向政府部门或者管理者提供问题解决的策略和建议。该研究中，研究者通过讨论和比较，最后提出了进一步促进尘肺病防控的七条建议。这充分体现了将科学研究融入国家和社会的发展，为政府相关部门的进一步决策提供咨询和建议，是研究者家国情怀的重要体现。

（三）课堂讨论

该研究采用职业流行病学研究领域最简单的一种研究设计方案，仅对当前的尘肺特征的现状进行分析和描述。教师可以在课堂上引导学生，进一步探讨如何确定影响尘肺发生的关键因素并开展相应的干预研究。

相关思考题：

(1) 设计何种研究并采用何种方法筛选影响尘肺的关键风险因素？

(2) 可开展何种干预研究降低尘肺病的风险？

二、中成药在铅中毒患者治疗中的应用

(一) 案例内容

铅是工业生产中一种重要的重金属，被广泛应用于冶炼、化工等行业。从事该行业生产的工人，因长期接触金属铅及其化合物，容易导致体内铅过量蓄积，造成神经、呼吸、消化、免疫系统等多器官系统急慢性毒性损害，引发中毒性肾病、贫血、肠绞痛等生命安全。因此，采用恰当措施干预和治疗铅中毒，对恢复患者的身心健康尤为重要。目前，临床上多使用依地酸钠钙作为驱铅药物，但长期使用该药物后也会对机体造成一定的伤害。基于此，来自鞍山市职业病防治院的研究者，通过研究丹参注射液联合依地酸钠钙对职业性铅中毒患者的治疗效果，拟寻求新的可能的治疗方式。

研究者选取 68 名铅中毒患者，随机分为对照组（依地酸钠钙＋葡萄糖）和治疗组（对照组基础上加丹参注射液），治疗 3 个疗程后，结果见表 2-1 至表 2-3。

表2-1 两组铅中毒患者临床疗效比较

组别	例数	显效 [例(%)]	有效 [例(%)]	无效 [例(%)]	治疗有效 [例(%)]
对照组	34	16 (47.1)	10 (29.4)	8 (23.5)	26 (76.5)
观察组	34	20 (58.8)	12 (35.3)	2 (5.9)	32 (94.1)
χ^2 值					4.22
P 值					<0.05

表2-2 两组患者血铅、尿铅值变化比较（μmol/L, $\bar{\chi} \pm s$）

组别	例数	血铅	尿铅
对照组	34		
治疗前		3.64±1.7	3.04±1.8
治疗后		2.13±1.1^a	0.69±0.4^a
观察组	34		
治疗前		3.58±1.9	2.97±1.6
治疗后		1.62±0.3^{ab}	0.32±0.2^{ab}

注：^{a} 为与本组治疗前比较，$P<0.05$；^{b} 为与对照组治疗后比较，$P<0.05$

表2-3 两组铅中毒患者不良反应比较 [例(%)]

组别	例数	疲劳乏力	全身酸痛	恶心呕吐	食欲减退
对照组	34	9 (26.47)	7 (20.59)	6 (17.65)	10 (29.41)
观察组	34	2 (5.88)	1 (2.94)	1 (2.94)	3 (8.82)
χ^2 值		5.314	5.100	3.981	4.660
P 值		<0.05	<0.05	<0.05	<0.05

综上结果发现，治疗组临床症状得到显著改善，尿铅和血铅值显著下降，其效果明显好于对照组。另外，观察治疗组的不良反应率也显著低于对照组。该随机对照试验最终得出的结论是：

丹参注射液对驱铅效果有着非常明显的增强作用。

(二) 案例分析

(1) 中成药治疗职业中毒的价值和意义。铅中毒作为我国最为常见的职业性中毒之一，对职业工人的健康造成巨大威胁。因此，寻求有效的治疗方式对该疾病的防治具有非常重要的意义。在该研究中，研究人员使用随机对照试验的研究方法，并且从中医学的新颖角度切入，探讨了中草药在铅中毒治疗中的可能作用。该案例作为一种职业人群流行病学的重要研究方法，在职业中毒临床治疗的相关研究中经常被使用。值得一提的是，研究者结合我国的国情和特色，将中药丹参这一常见的药物应用于该疾病治疗，对提升职业病的治疗水平、促进国民健康以及弘扬祖国传统医学具有重要意义。

铅中毒的有效治疗，是职业健康领域面临的难题之一。如何有效快速地使铅中毒（尤其是重度）患者恢复至正常健康状况，是职业健康学者一直努力探索的科学问题。尽管该问题是我们面临的一大挑战，但同时也是我们发挥主观能动性确攻克难题的机遇。那么，应用创新思维和技术，从新颖角度切入问题，是抓住该机遇并做出科研结果的重要前提条件。该研究案例给我们提供了相关启示，即面对科研难题时，永远保持开拓创新的思想和劲头，是至关重要的。

(2) 坚持文化自信。铅中毒治疗，最常使用的药物是化学合成药物依地酸钠钙。而该研究创新性地探讨了常见的中草药丹参在治疗铅中毒中可能的有益作用。这启发我们继续挖掘祖国医学宝库，使其焕发应有的光彩。这不仅具有非常广阔的研究前景，也说明需要结合我国当前大的发展趋势，坚持"四个自信"中的文化自信。对我们开展科研工作，促进人民健康，同样具有非常重要的指导意义。

（三）课堂讨论

如上所述，鞍山市职业病防治院的相关研究具有明显的创新性和一定的应用价值。但值得注意的是，丹参注射液在此案例中的临床试验设计的科学性有待进一步探讨。比如，对68例铅中毒患者的治疗是否有疗效，还需要进一步明确；丹参注射液是如何筛选出来的，目前也缺乏明确的依据。就此，教师可以在课堂上引导学生，进一步探讨如何设计更为严密的干预研究，以及如何提高研究的证据强度。

相关思考题：

（1）鞍山市职业病防治院的相关研究存在哪些科研设计问题？

（2）为了进一步提高研究证据的强度可继续开展何种干预研究？

三、对"996"说不，减负保障职工身心健康

（一）案例内容

"996"工作制是指一周工作6天，每天早上9点上班、晚上9点下班，中午和傍晚休息1小时（甚至更少），总计每日工作10个小时以上的工作制度。该工作制度进入公众视野源自2016年10月某互联网公司被曝出实行全员"996"工作制，每周上6天班，每天工作时间从早上9点到晚上9点，且没有补贴或加班费，也不允许员工请假。公司首席执行官因此受到员工的声讨。此后，多家知名企业陆续爆出各种"加班文化"。比如，某餐饮集团创始人贾某在社交媒体上发布了引起热议的"715、白加黑、夜总会"工作制，即每个星期的工作时间达到7天，

每天工作15个小时，工作时间涵盖白天加上晚上，夜里还总要开会。此外，还有"716"（每周工作7天，每天工作16小时）、"807"（每周工作7天，每天工作8小时，全月无休）、"711"（每周工作7天，每天工作11小时）等多种超长工作时间的工作制度，这一系列现象都揭示了当今社会存在一定数量的不合理加班制度。

劳动时间过长现象普遍存在于各行各业，除了最早被曝光的互联网企业，在医疗行业、建筑行业、金融行业等也时有发生，这一现象已对职工的身心健康造成了一定程度的危害。从职业生理学的角度来看，不论是体力活动，还是脑力活动，劳动者的生理机能和作业能力都有一个动态变化的过程，在连续工作一段时间后身体会疲劳，工作效率和质量会下降，夜班作业对人体的危害尤其明显。从职业心理学的角度来看，复杂的脑力活动、过长的工作时间、不合理的工作制度，容易导致劳动者职业紧张，出现一系列心理和生理应激反应，损害劳动者的身心健康。

以科技工作者为例，目前我国以脑力劳动为主的科技工作者工作超时及周末加班现象比比皆是，这对其身体和心理健康均产生了显著负面影响。中介效应研究结果显示，长时间工作对身心健康的负面影响既通过直接路径产生作用，也通过间接路径发挥作用。对于以体力劳动为主且工作环境中存在污染的体力劳动者来说，同时存在工作环境污染和每天加班超过1个小时者，相较仅有工作环境污染的工作者精神健康状况更为糟糕。同时有资料显示，我国职业人群中，目前因工作压力增大导致"过劳死"的事件呈上升趋势，职业人群的亚健康状态如失眠等，也与过度加班有关（见表2-4）。

表2-4 睡眠病例组与对照组个人生活习惯及生活方式比较

项目	病例组（$n=602$）	对照组（$n=242$）	统计值	P 值
睡前习惯/n（%）				
饱食	81（13.5）	28（11.6）	0.545	0.460
看电视	392（65.1）	97（40.1）	44.388	0.000
阅读	153（25.4）	86（35.5）	8.712	0.003
体力劳动	25（4.2）	23（9.5）	9.216	0.002
脑力劳动	106（17.6）	77（31.8）	20.526	0.000
其他（玩游戏等）	320（53.2）	106（43.8）	6.042	0.014
睡觉时间规律/n（%）	371（61.6）	175（72.3）	8.630	0.003
有白天睡觉习惯/n（%）	249（41.4）	125（51.7）	7.408	0.006
家庭关系和睦/n（%）	531（88.2）	226（93.4）	5.014	0.025
居住环境嘈杂/n（%）	173（28.7）	92（38.0）	6.900	0.009
睡眠环境嘈杂/n（%）	206（34.2）	68（28.1）	2.949	0.086
存在影响睡眠的躯体不适/n（%）	221（36.7）	42（17.4）	30.146	0.000
经常做噩梦/n（%）	171（28.4）	28（11.6）	27.150	0.000
经常出差/n（%）	53（8.8）	4（1.7）	14.017	0.000
经常加班或夜班/n（%）	204（33.9）	40（16.5）	25.306	0.000
工作/学习压力大/n（%）	274（45.5）	78（32.2）	12.528	0.000
HAMA	10.2±7.0	6.2±4.6	8.20	0.000
HAMD-17	9.9±6.8	3.8±4.8	12.74	0.000

由此可见，"996"工作制由于作业持续时间过长，休息时间过少，将导致职工劳动负荷过强，职业压力过大，从而导致从业人员群体性疲劳和身心健康损害。这一现象，已引起各界人士的高度关注。2018年，全国两会代表委员一再呼吁遏制过度加

班现象，切实维护劳动者合法权益。企业应当建立合理的劳动制度，给予员工足够的休息时间，尤其应当保证员工的夜间休息时间，以预防职业疲劳的发生，保障员工的身心健康。事实上，这些超长时间的工作制度均违反了《中华人民共和国劳动法》（2018修正）（以下简称《劳动法》）关于法定工作时间的规定。《劳动法》第四章第三十六条规定："国家实行劳动者每日工作时间不超过8小时、平均每周工作时间不超过44小时的工时制度。"第四十一条规定："用人单位由于生产经营需要，经与工会和劳动者协商后可以延长工作时间，一般每日不得超过1小时；因特殊原因需要延长工作时间的，在保障劳动者身体健康的条件下延长工作时间每日不得超过3小时，但是每月不得超过36小时。"第四十三条规定："用人单位不得违反本法规定延长劳动者的工作时间。"第四十四条规定："有下列情形之一的，用人单位应当按照下列标准支付高于劳动者正常工作时间工资的工资报酬：（一）安排劳动者延长工作时间的，支付不低于工资的百分之一百五十的工资报酬；（二）休息日安排劳动者工作又不能安排补休的，支付不低于工资的百分之二百的工资报酬；（三）法定休假日安排劳动者工作的，支付不低于工资的百分之三百的工资报酬。"

可见，不管是"996"还是"715"，都属于违法行为。2019年4月11日，《人民日报》针对"996"工作制发表评论员文章《强制加班不应成为企业文化》。2021年8月，最高人民法院与人力资源和社会保障部联合发布了超时加班典型案例，明确规定，"996"工作制严重违反法律关于延长工作时间上限的规定，应认定为无效。2022年，北京市人力资源和社会保障局发布《关于进一步做好工时和休息休假权益维护工作的通知》，在3月15日至5月15日期间，在北京全市组织开展工时和休息休假权益维护集中排查整治，聚焦重点行业企业，集中排查整治超时加班问题，依法保障职工工时和休息休假权益。随后，山东、安徽、河南、广西、青海、湖南、湖北、江西等地也纷纷开展为期 2 个月左右的超时加班集中排查、整治工作。

在国家的严格监管和中央电视台等媒体的多次报道下，不少企业开始回归正常的工作制度。例如字节跳动、快手、腾讯旗下的光子工作室等多家企业取消大小周工作制，员工们按需加班，公司按照相关制度支付加班工资。

（二）案例分析

（1）中国特色社会主义之"人民至上，生命至上"。一直以来，中国共产党最大的优势就是始终保持与人民群众的密切联系。我党始终坚持以人民为中心的发展思想，坚持"人民至上""生命至上"的价值理念，把人民群众作为各项工作开展的出发点和落脚点，始终把关心人民的利益和需求放在所有工作的首要位置，把关注和改善民生作为各项工作的主要目标，把为人民办好事、办实事作为工作的内在动力。

2019 年 4 月，《人民日报》针对"996"工作制发表的评论员文章《强制加班不应成为企业文化》，体现了党和政府对劳动者权益的关注及对其身心健康的保护，随之落实的一系列措施，更体现了党和政府保障劳动者权益、改善劳动者工作条件和环境的决心。

结合案例分析，鼓励学生作为我国公共卫生事业的接班人，应当关注社会热点问题，应用所学专业理论知识，结合相关法律政策，对当前一些不合理的工作现状提出改善意见和建议，为保障职业人群健康做实事。

（2）秉持"以人为本"的核心理念，构建保障职业健康安全的企业制度和文化。《劳动法》规定，企业要遵循相关法律法规，构建"以人为本"的企业制度和企业文化，将"人民至上"

"生命至上"的价值理念落到实处。保障员工权益、保护从业人员的职业健康，是企业的责任和义务。企业要从工作环境、工作任务上，全链条、全方位、全周期地从细节上，关心员工的健康安全、系统维护员工的身心健康、保障员工休息的权益。用人单位应当严格执行劳动定额标准，不得强迫或者变相强迫劳动者加班。用人单位安排加班的，应当按照国家有关规定向劳动者支付加班费。对不遵守劳动法规定的企业，有关部门依法给予相应的监管和惩罚。

作为公共卫生学子，在学习和应用相关专业知识分析、解决职业环境中存在的实际问题时，应具有人文关怀精神，在正确价值理念的指引下，运用专业知识从从业人员心身健康问题的确切痛点、难点出发，提出考虑到其生理、心理、社会适应的全面健康的解决方案，真正做到"医防管融合"。

（三）课堂讨论

（1）根据职业生理学和心理学的特点，如何合理安排工作时间，在更好地提升员工的劳动效率的同时又能更好地保障员工的身心健康？

（2）目前这些不符合《劳动法》《中华人民共和国劳动合同法》和《职业病防治法》等法律的工作制度，除了危害员工身心健康外，是否还具有其他危害？

（3）从职业生理学和心理学的角度来看，保障员工身心健康和追求利润一定是矛盾的吗？

（4）产生这些违法的工作制度的深层次原因是什么？

（5）在职业健康领域，应该从哪些方面着手来应对和改善这些问题？

四、全方位构建有温度的人文环境，护航职业心理健康

(一) 案例内容

某科技集团是专业从事电脑、通信、消费电子、数位内容、汽车零组件、通路等6C产业的高新科技企业。然而，2007年，该集团首次曝出员工非正常死亡的案例，此后陆续发生员工非正常死亡事件。仅仅2010年的前5个月，就发生十数名员工自杀事件。这一连环的员工自杀事件令人扼腕。究竟是什么样的企业文化和职场压力导致了悲剧的发生？

回望30年，中国的经济成就离不开对于人口红利的依赖，而该集团就是其中的一个典型的受益者。中国城市大量廉价和过剩的农民工劳动力，为公司的工厂转移提供了低廉的生产成本，而代工企业是典型的依赖成本优势模式的公司。

该集团的管理严格，业内闻名。整个集团犹如一台机器，员工们只是其中一个个零件。流水线上千篇一律、平淡无奇、重复、刻板的劳动工作过程容易造成员工的倦怠感、无聊感，超长的工作时间导致员工的疲劳状态持续性积累，从而降低其身心健康水平。厂房里张贴着的缺乏温度的标语，如"通知别走，加班还有，即将过大年，留下赚大钱"等，呈现出人文关怀式企业文化的缺失。在这里，工人们的工作方式单调机械，工作节奏高度紧张，缺少必要的关爱，以致他们的身心健康长期处于不断损耗的状态。

同时，在这些职工自杀事件连环发生之后，媒体的不实报道、看客的冷漠在某种程度上也在推波助澜。网友、媒体玩世不恭的语调，漫不经心的口吻，自鸣得意的挖苦，对本就身心俱疲

的员工们来说无疑是雪上加霜。该集团员工的跳楼事件,使社会各界对企业文化和媒体环境给予高度关注和深入思考,如何全方位营造一个有温度的人文环境、护航职业心理健康,成为职业健康领域迫切需要解决的公共卫生问题。

(二) 案例分析

(1) 立党为公,执政为民。2022年10月16日,习近平总书记在中国共产党第二十次全国代表大会报告中指出,"治国有常,利民为本。为民造福是立党为公、执政为民的本质要求。必须坚持在发展中保障和改善民生,鼓励共同奋斗创造美好生活,不断实现人民对美好生活的向往"。"为人民造福",归根结底是实现好、维护好和发展好最广大人民的根本利益。2020年第七次全国人口普查数据显示,我国流动人口规模进一步扩大,达到3.76亿人。其中,将近3亿人为外来务工人员。因此,保障这一庞大群体的合法权益,包括保障职业健康安全的相关权益,是"立党为公,执政为民"的具体体现和关键之处。

党和国家历来重视劳动者权益的保障。新中国成立后,我国先后制定了《劳动保险条例》《劳动保障监察条例》《劳动争议调解仲裁法》《女职工劳动保护特别规定》《劳动法》《劳动合同法》《职业病防治法》等一系列法律法规,形成相对系统的劳动者权益保护框架。尤其是1995年1月1日起实施的《劳动法》和2002年5月1日起实施的《职业病防治法》,使劳动者的合法权益和职业健康安全得到了上位法的保障。

现行《劳动法》第三条明确规定:"劳动者享有平等就业和选择职业的权利、取得劳动报酬的权利、休息休假的权利、获得劳动安全卫生保护的权利、接受职业技能培训的权利、享受社会保险和福利的权利、提请劳动争议处理的权利以及法律规定的其他劳动权利。劳动者应当完成劳动任务,提高职业技能,执行劳动安全卫生规程,遵守劳动纪律和职业道德。"这里的"劳动者"包括外来务工人员。

习近平总书记在十九大报告中指出,"人民健康是民族昌盛和国家富强的重要标志",并且提出"实施健康中国战略"。2016年,中共中央、国务院印发《"健康中国2030"规划纲要》(简称《规划纲要》)。《规划纲要》的多项内容涉及职业人群健康问题,如第六章第四节提出:"制定实施青少年、妇女、老年人、职业群体及残疾人等特殊群体的体质健康干预计划","实行工间健身制度,鼓励和支持新建工作场所建设适当的健身活动场地。"第十六章第一节提出:"强化安全生产和职业健康。"可见,从顶层设计开始,我国就高度重视职业健康相关权益的保障,充分体现"立党为公,执政为民"理念。

上述企业员工因为工作压力大而轻生的案例反映出,在较为完备的顶层设计下,有些部门还是未能坚持"执政为公""人民至上""生命至上"的理念,因懒政或因利益关系等原因,对企业的违法行为未能进行严格有效的依法监管,导致了劳动者工作环境恶劣、工作时间和强度过大、合法权益无法保障等职业健康安全问题的发生。有关地方政府和相关部门必须正视现实,采取有力措施严惩违法行为,构建多维度、全链条、全方位、全周期多元主体协同参与机制,切实做好劳动者合法权益的保障,为劳动者创建一个安全健康的工作环境和氛围。

(2)企业的人文氛围和社会担当。企业应当坚持"员工是第一生产力,是企业最珍贵的财富"的经营理念,坚守"以人为本"的价值理念和底线思维,始终把维护员工生命安全和身心健康放在第一位,积极创建共建、共享、共赢的工作环境,提倡员工间互助互惠的良性竞争,开展宣传引导、志愿者行动、慰问疏导等心理疏导减压工作,确保全体职工及家人的生命安全和身心健康。只有这种充满人文关怀的方式才能形成凝聚力,实现企业与员工聚力前行、同心致远。作为社区的一员，现代企业同时承担着重要的社会责任。企业社会责任（corporate social responsibility，CSR），是指企业在创造利润、对股东和员工承担法律责任的同时，还要承担对消费者、社区和环境的责任，企业社会责任要求企业必须超越把利润作为唯一目标的传统理念，强调要在生产过程中对人的价值的关注，强调对环境、消费者、对社会的贡献。构建"以人为本"的企业文化，从而辐射助力"以人为本"的社区构建，是一个现代企业的社会责任和担当。

（三）课堂讨论

上述该集团员工跳楼的问题当年曾经引发关注和热议，相关网络素材较多，可以引导学生进行相关案例的查阅和思考：

（1）作为世界500强企业，该企业应当承担哪些社会责任？

（2）针对该集团的一系列员工自杀事件，从职业生理学和职业心理学的角度来分析，应该从哪些方面进行防控干预？

五、多元化应对"内卷"职场

（一）案例内容

近年来，不少公司实行末位淘汰制，处于考核末位的员工，将被公司裁员。虽然末位淘汰制在一定程度上可能有助于调动员工的积极性。但有网友认为，末位淘汰制通过施压的方式提高员工效率，并不人性化；也有网友指出，末位淘汰制违反劳动法，侵犯员工的合法权益。在末位淘汰制下，员工长期处于高度紧张状态，承受着身体和精神的双重重压，往往不堪重负，难以持久，有的还会受到一定伤害，不利于劳动力的休养生息。

末位淘汰制很可能会造成非理性的内部竞争或"被自愿"

竞争，同行间竞相付出更多努力以争夺有限资源，从而导致个体"收益努力比"下降，最终导致越来越激烈的"内卷"现象。在当今社会，不管是传统行业还是新兴行业都或多或少存在"内卷"现象。当社会或行业资源无法满足所有人的需求时，人们通过竞争来获取更多资源，如果过度"内卷"的话，可能会因非理性竞争造成巨大的职场压力，让人焦虑不安。近年来，年轻员工由于工作压力过大、过劳而猝死的事件时有发生。

随着全球化、城市化和工业化飞速发展而来的城市人口剧增，职场竞争日趋激烈，单一的、僵化的评价体系使从业者在狭窄拥挤的通道上奔跑，不敢松懈。职场健康管理需要多元包容的考核评价体系来使个人有更大的空间以更好地发挥个人长处和创造力。

(二) 案例分析

(1) 构建多元价值观的包容社会。"内卷"一词最初由美国人类学家提出，被用于描绘社会或文化模式的停滞不前，局限于自身内部的复杂化转变而无法变成更新的形态。换句话说，就是人们在生活、工作、学习中投入了更多的努力却无法获得同等价值的回报。

"内卷"是一种长期而激烈的竞争，带来的压力是慢性而巨大的。研究发现，慢性压力与心脏病、癌症、肺病、肝硬化等躯体疾病发病都密切相关，长期处于慢性压力下的职业人群还可能增加一种极端的恶性结果——猝死。

根据职业心理学理论，在职场上，严重的慢性压力可能导致一种职业心态上的"濒死状态"——职业倦怠。职业倦怠，是指从业者因工作时间过长、工作量过大、工作强度过高而经历的一种疲惫不堪的状态。美国社会心理学家马斯兰奇认为，职业倦怠是那些任职于需要连续地、紧张地与他人互动的行业中的人们,在经历长期连续压力下的一种心理行为综合征,表现为情绪耗竭,对服务对象的消极淡漠态度,以及在工作中缺乏个人成就感。很多人还会在慢性压力下陷入一种"生存倦怠"的状态,"情绪说不上低落,但也没有高兴愉快,甚至感觉活着很累很疲惫,没什么意思;有些人对活着、活着的自己、活着的他人,以及这个世界都感到淡漠疏离;对活着缺乏成就感。"

应对"内卷",首先要考虑我们为什么要卷?按自己的节奏,不参与"内卷"行不行?产生"内卷"现象的原因很多,但"内卷"的核心是对有限资源的争夺,以求获得外界的肯定,从而获得成就感和效能感。"内卷"的产生归根到底是社会对成功的评价过于单一,使得获得肯定和成就感、效能感的资源和渠道极其有限。如果我们的社会重塑多元化的价值观,使不同职业、不同层次的个体都能得到应有的认同和尊重,那么大家不必为了追求单一的"成功"而拼命抢夺有限的资源,通过努力都能各得其所,也许就不用这么卷了。

(2) 企业应创建多元包容的企业文化。如上一个案例所述,企业应当改变以利润为第一位的企业价值观,关注员工与企业的共赢,不以牺牲员工的合法权益和职业健康安全为代价片面追求经济效益。在以人为本的理念下,构建多维度的绩效评估体系,创建多元包容的企业文化,在保障员工权益的前提下去追求利益的更大化,从而实现公司价值和个人价值的平衡和共同成长,让企业和员工都拥有更高质量的发展。

(3) 不忘初心,坚守理想和信念。每位医学生学医之始,都曾宣读医学生宣言:"健康所系,性命相托。当我步入神圣医学学府的时刻,谨庄严宣誓:我志愿献身医学,热爱祖国,忠于人民,恪守医德,尊师守纪,刻苦钻研,孜孜不倦,精益求精,全面发展。我决心竭尽全力除人类之病痛,助健康之完美,维护医术的圣洁和荣誉,救死扶伤,不辞艰辛,执着追求,为祖国医药卫生事业的发展和人类身心健康奋斗终生。"医学生通过学习和实践，掌握医防管知识和技能，初心是为了更好地保障公众健康，提高国民健康素养。面对"内卷"的现实，我们要不忘初心，坚守最初的理想和信念，不被"内卷"的浪潮带偏。首先要运用职业生理学和职业心理学的知识，从自己做起，并且力所能及地关怀、引导身边深受工作压力困扰的人，保护、改善自己和身边人的身心健康，继而才能更好地服务公众。

（三）课堂讨论

"内卷"是目前困扰年轻人的热点社会问题，相关网络素材较多，可以引导学生进行相关报道的查阅，并思考：

（1）结合职业紧张相关知识点，分析工作压力大会引起人体生理、心理的什么变化？

（2）现实生活中有什么因素会导致职业紧张？

（3）如何运用职业生理学和职业心理学的专业知识指导应对"内卷"现象？

六、科技发展助力环卫工人健康促进工作

（一）案例内容

作为维护城市容貌的主力军，一线环卫工人为改善人居环境、提升城市形象做出了巨大贡献。不过，环卫工人的处境不容乐观：环卫工人在公平职业对待上缺少职业尊严；虽然环卫部门是事业单位，但绝大多数的环卫工人是编外人员、临时工，而且由于其技能限制，始终在就业的最底层；等等。

环卫工人的职业卫生需求也没有得到很好的满足。首先，环

卫工人的劳动强度大。目前，城区除了主干道及部分交通要道有机械化作业外，小街小巷中大量清扫保洁工作都要靠环卫工人人力完成，环卫工人每天工作10小时以上，劳动强度普遍超负荷。其次，环卫工人的工作环境差。其长年与垃圾打交道，在城市机动车辆剧增的背景下，空气污染和交通事故都对环卫工人的作业安全构成很大威胁。另外，环卫工人喝不上热水、吃不上热饭的现象较普遍，环卫女工还存在"如厕难"问题。此外，有些环卫工人为了生计还在下班后兼做家政服务、捡收垃圾、为单位或小区物业搬运垃圾等，严重超负荷透支体能。

随着城市不断发展和人们生活水平的不断提高，环卫行业在城市发展中的作用日益凸显，只有逐步改善环卫工人的职业环境，有效保障其正当权益，城市环卫事业才能可持续健康发展。

2020年，广东省第27届环卫工人节用科技创新关爱环卫工人，致敬深圳环卫四十年。深圳市罗湖区展示了一款智能环卫机器人，在该智能环卫机器人的帮助下，垃圾站清运全过程实现了自动化、智能化，大大降低了环卫工人的工作强度。常规的环卫清运车每辆可以装载约10个660升垃圾桶，每个660升垃圾桶满载300公斤左右。传统方式是由环卫工人人工进行垃圾桶的装卸、倾倒和清洗工作，工作量大，耗时长。而现在由智能机器人来帮助他们分担这份"重担"，无疑是科技创新给环卫工人在节日送上的一份最好的礼物。

智能环卫机器人在行走过程中会对垃圾桶进行重量信息采集，翻料器在接收到垃圾桶后就开始自动翻料。翻料完成后，机器人自动取回垃圾桶送往清洗区，由环卫工人清洗完成后装车。以前环卫工人不仅工作繁重，消耗体力，而且还会面临危险，曾有环卫工人在倾倒垃圾时不慎被砸伤，现在有了智能机器人助力，大大减轻了环卫工人的工作量，减小了职业安全风险。深圳市罗湖区城管和综合执法局下一步将积极探索对垃圾站清运系统进行智慧化、无人化、物联化和远程化的全面升级，为城市提供从前端收集到清运中转的垃圾收储全场景智慧方案，通过先进的科技与理念，为建设城市智慧环卫助力。

智能职业机器人的出现不是为了替代工人，而是协助工人，使得繁重的工作变得更具人性化。简单地说，脏活、累活让机器人完成，工人侧重于做控制和检查的工作，将人从烦琐和繁重的工作中解放出来。环卫作业机械化、智能化是行业发展的必然趋势。机械化、智能化设备的引入将彻底改变环卫工人的传统作业方式，环卫工人的工作环境得到了极大改善，环卫工作将逐步朝着技术型工种转变，为环卫事业的可持续发展提供了保障。

（二）案例分析

（1）善于发现问题。许多问题之所以被人们理解，是因为这些问题都发生在人们身边，只不过在发现者进行研究之前，人们没有发现并思考。我们首先要善于在细微处发现问题、解决问题，敏于观察，找出现实世界中的问题所在。其次要善于分析，利用专业知识，运用合理方法工具，借助外部力量找到问题症结。最后要能够解决问题，将每一次解决问题作为推动工作的抓手，一步一个脚印持续推进。

（2）应用科学技术解决实际问题。智能环卫机器人的出现，是通过科技手段来减轻劳动者职业负担。作为年轻一代的我们要主动把学习与推动科技创新、建设世界科技强国紧密结合起来，最大限度地服务社会和大众。怀着一颗赤子之心，锐意创造，大胆创新，把科技成果应用在实现现代化的伟大事业中。

（三）课堂讨论

（1）结合案例和职业特点，引导学生探讨环卫工人面临的困境有哪些？

（2）作为预防医学专业的学生，你有什么可以改善上述困境的建议？

参考文献

[1] 毛翎，彭莉君，王焕强. 尘肺病治疗中国专家共识（2018年版）[J]. 环境与职业医学，2018，35（8）：677-689.

[2] 赵徽鑫，王强，翟贺争，等. 中国10省（市）农民工尘肺病患者现状分析[J]. 职业与健康，2021，37（18）：2467-2471.

[3] 唐先雨. 丹参注射液联合依地酸钙钠对职业性铅中毒患者的治疗价值[J]. 中国药物经济学，2020，15（10）：70-72.

[4] 张娟娟，何光喜，薛姝. 工作时长如何影响科技工作者的身心健康——基于北京市调查数据的实证分析[J]. 中国科技论坛，2021（5）：147-155.

[5] 孙中伟，张莉，张晓莹. 工作环境污染、超时加班与外来工的精神健康——基于"二次打击"的理论视角[J]. 人口与发展，2018，24（5）：14-23.

[6] 张蕾，和中，余一旻，等. 原发性失眠人群特征、睡眠质量及危险因素的研究[J]. 上海交通大学学报（医学版），2022，36（5）：689-694.

[7] 面对"内卷"不如试试这些应对技巧[EB/OL]. https://health.gmw.cn/2022-06/10/content_35793063.htm.

[8] 烈日下穿一天防护服，啥滋味？[EB/OL]. https://m.gmw.cn/baijia/2021-06/09/1302348376.html.

[9] 防护服里装"空调"！徐州大爷这项研究获国家专利![EB/OL]. https://www.thepaper.cn/newsDetail_forward_17723351.

[10] 特别的爱给特别的你！为环卫工人"减负"的智能机

器人亮相罗湖［EB/OL］. https://baijiahao. baidu. com/s? id =1681606023046231513&wfr = spider&for = pc.

［11］江北区：环卫作业机械化转型 改善环卫工人工作环境［EB/OL］. http://cq. cqnews. net/cqqx/html/2015 - 12/08/content_35937100. htm.

（杨博逸　刘汝青　白雅滢）

第三章 生产性毒物与职业中毒

第一节 课程思政教学设计

一、案例教学适用范围

本案例适用于"职业卫生与职业医学""劳动卫生与职业病学""预防医学"等本科生和研究生课程中的金属与类金属、刺激性气体、窒息性气体、有机溶剂、苯的氨基硝基化合物、高分子化合物和农药职业中毒相关章节内容的教学。

二、课程教学目标

1. 知识目标

（1）掌握铅、镉、汞、砷等毒作用机理，与此有关的理化性质、毒作用表现、诊断标准、处理原则及预防措施；熟悉金属与类金属中毒特点；了解我国金属与类金属污染及中毒现状。

（2）掌握刺激性气体毒作用机理及表现、防治，氯气中毒的表现及处理原则；熟悉刺激性气体中毒的诊断，氮氧化物和氨中毒的表现及诊断处理原则；了解刺激性气体的种类，光气、氟化氢中毒的表现及诊断处理原则。

(3) 掌握窒息性气体中毒的毒理、表现及治疗原则；熟悉一氧化碳中毒的毒理、表现及诊断处理；熟悉氰化氢中毒的毒理、表现及诊断处理；了解窒息性气体的种类，硫化氢、甲烷中毒的毒理、表现及诊断处理。

(4) 掌握苯中毒的作用机理与临床表现；熟悉有机溶剂的理化特性与毒作用特点以及对健康的影响；熟悉甲苯、二甲苯、二氯乙烷、正己烷、二硫化碳的临床表现；了解苯及苯系物的理化特性、接触机会、毒理。

(5) 掌握苯的氨基和硝基化合物中毒的共同特点、处理原则和预防措施，三硝基甲苯中毒的毒理学知识；熟悉苯胺中毒的毒理、临床表现和诊断，三硝基甲苯中毒的临床表现和诊断。

(6) 掌握氯乙烯中毒的毒理、临床表现、诊断和预防措施；熟悉丙烯腈、氟塑料、二异氰酸甲苯酯中毒的毒理、临床表现、诊断和预防措施；了解什么是高分子化合物、常见种类和用途，以及高分子化合物生产中的毒物来源。

(7) 掌握有机磷农药中毒的机理、中毒表现；熟悉有机磷农药中毒的临床诊断、救治措施；了解氨基甲酸酯农药、拟除虫菊脂类农药的中毒表现和急救措施。

2．能力目标

(1) 以水俣病、痛痛病等重大中毒事件为案例，让学生进行案例讨论与分析，发挥学生的主观能动性。引导学生进行积极思考、讨论、总结和报告，在案例分析过程中学习相关中毒机理及临床表现等重要知识点、掌握相关预防措施。此外，将生活中常见金属化学物的中毒及预防知识转化为生活常识，指导人们健康工作与生活。

(2) 联系实际案例，加强学生对刺激性气体职业危害的了解；介绍有关生活中刺激性气体中毒的常识，理解毒理学知识。

(3) 通过本章节学习，使学生能够掌握如何鉴别各类窒息性气体导致的中毒表现。通过对中毒发生案例的分析，引导学生掌握应急处置方法。

（4）引导学生思考如何对有机溶剂的职业中毒做诊断，培养实际工作中解决问题的能力。通过案例讨论，让学生理解职业诊断工作不容易，需要严密逻辑和充分证据，增强专业认同感，培养表达、沟通能力。

（5）通过案例讨论，让学生深刻认识到专业知识对职业健康安全防护的重要性；通过小组案例讨论的教学活动，增强学生的学习主动性、成就感和自信心，培养团队协作能力。此外，将生活中常见相关化学物的中毒及预防知识转化为生活常识，指导健康工作与生活。

（6）通过阅读英文文章，引导学生积极涉猎相关领域的研究进展与前沿，密切关注学科动态，激发其对本学科的兴趣和热爱。

（7）掌握有机磷农药中毒和拟除虫菊酯类农药诊断要点和鉴别诊断；通过案例，使学生了解农药的毒性大小和药效的关系。

3. 价值目标

（1）树立学生的社会核心价值观和社会责任感，为学生灌输生态文明价值观的理念。

（2）帮助学生树立法制观念，理解我国制定职业病防治法是"人民至上"理念的彰显；通过介绍刺激性气体的国家诊断标准和原则，阐述依法治国的意义。

（3）使学生了解窒息性气体对职业工人的危害及相关的职业卫生接触限值，在工作中树立自觉意识，主动普法、严格执法、按照标准化形式开展工作，培养学生的科学兴趣和职业责任心。

（4）增强学生的学习主动性、成就感和自信心，培养其团队协作能力；激发学生的想象力、创造力，增强其在学习过程中的获得感以及对从事公共卫生工作的热爱，提高职业素养。

（5）通过案例讨论、分析和理论学习相结合的方式，使学生认识到防治相关疾病并学习突发公共卫生事件的妥善处理方式，对于促进社会和谐发展、人民安居乐业的重要性。培养学生严谨的学科思维，以及高度的社会责任感。

（6）通过案例分析与知识点讲解，引导学生积极探索，勇于创新，积极了解高分子化合物的必要性和面对所带来的微塑料污染问题。此外，借助科学家的成长经历，挖掘背后的人文精神，引导学生树立远大的志向。

（7）促进学生对基本知识的巩固和应用；培养学生的辩证思维；激发学生的创新精神；培养学生的爱国情怀和社会责任感，使其树立正确的世界观，爱惜生命；掌握农药中毒防治知识，做好科普宣传。

三、教学方法

（1）重金属及类金属职业中毒相关内容的教学，可采用翻转课堂教学法，预先给学生安排任务，了解与水俣病、痛痛病等相关的中毒事件，通过自主学习、思考、讨论、总结和汇报，达到上述教学目标。

（2）职业性刺激性气体和窒息性气体中毒相关内容教学，采用理论讲授的教学方法，利用教师讲授提问、学生思考讨论等方式来完成课程教学的知识目标、能力目标和价值目标。通过课程讲授，引导学生了解现代生物技术、解毒剂的开发等学科的发展给现代毒理学带来的机遇和挑战，提高学习的积极性和主动性。从介绍我国一氧化碳职业中毒发生情况导入，结合生活中的一氧化碳中毒的预防等常识问题，提高学生理论联系实际的能力。

（3）职业性有机溶剂中毒相关内容的教学，适宜采用翻转课堂教学法，学生提前自学慕课和讨论案例，线下理论课程授课可充分结合教师讲授、小组讨论、角色扮演、小组演讲等形式。教师提出讨论问题，将课程教学的知识目标、能力目标和价值目标融入案例讨论。

（4）苯的氨基硝基化合物职业中毒相关内容教学，采用案例分析与理论讲授相结合的方法。教师授课前，学生预习本章节内容，对案例进行分析，最终以小组汇报的方式进行讨论和总结。在此基础上，教师进行理论讲解，最终达到教学目标。

（5）高分子化合物职业中毒相关内容教学，由教师准备微塑料污染与人体健康关系研究的最新文献，课前一到两周发给学生，指导其阅读、分析并总结。然后在课堂上，学生围绕相关知识点展开讨论，积极发表看法并结合教师的讲解完成对相关知识点的学习。

（6）农药的职业中毒相关内容教学，适宜以典型案例的方式引导学生了解我国农药生产、使用及职业中毒发生的现状。同时，教师在课堂上，分析中毒发生的相关机理和针对性的防控措施，并指出思政相关问题。授课可充分结合教师讲授、小组讨论、学生自由发言等形式。教师提出讨论问题，将课程教学的知识目标、能力目标和价值目标融入案例讨论。

第二节　课程思政案例及分析

一、工业灾难"水俣病"与"痛痛病"的启发与思考

（一）案例内容

第二次世界大战后，日本因迫切需要重建经济，提出"经济优先、产业立国"的发展战略。19世纪50年代到70年代，日本先后在太平洋沿岸建设了多个临海工业地带，以东京为核心的城市集群随之崛起。然而，工业快速、粗犷的发展，导致了严重的环境污染问题，引发一系列让人触目惊心的中毒事件，最终酿成震惊世界的工业灾难，如水俣病、痛痛病事件。

19世纪50年代初，日本熊本县水俣湾地区的猫出现异常状况。这些猫中，有的经常不自主抽搐、面目狰狞、走路呈醉酒状态甚至投海自杀。这些症状被称为"猫神经病"。据统计，仅1953年这一年，就有大约5万只猫跳海自杀。这一现象，在当地引起极大恐慌。不幸的是，类似的症状，很快就发生在人的身上。患者主要表现为口齿不清、步态不稳、表情痴呆、手足变形、身体弯曲、全身麻木甚至耳聋眼瞎、精神失常直至死亡。由于病因不明，人们便以发病地地名为称，将这种病命名为"水俣病"。当地的一些孩子，甚至一出生就表现出严重的中枢神经系统障碍，被称为"先天性水俣病"。此后数年，该地区4万人中，约1万人发病。经多国科学家和各界人士的共同努力，历经

十数年的艰难探索，最终查明甲基汞是水俣病的致病元凶，而源头在水俣氮肥厂。该厂在生产过程中以氯化汞为催化剂，将含汞的废水未经处理便直接排放进了水俣湾。进入海水中的汞被海洋微生物摄取后转化为毒性更强的甲基汞，甲基汞经由食物链传递，进而引发了水俣病。事发后，水俣氮肥厂被告上法庭，被要求向水俣病患者进行赔偿。此后，日本政府与水俣氮肥厂联合开展治理汞污染的行动。他们历经数十年，耗资近500亿日元，终于清理了水俣湾地区的汞污染。然而，日本水俣病留给世人的教训，是深刻而永久的。

19世纪50年代，继水俣病之后，日本富山县神通川地区又发生了一起由工业污染导致的重大灾难——痛痛病。神通川是一条穿行日本中部富山平原的河流，是日本的主要粮食基地、重要供水源头。最初，人们发现这一地区的水稻长势不好。然而，不久以后，这里的居民出现了一种怪病。许多人在劳动后，感到腰、背、膝等部位的疼痛。一开始，这被误认为是劳累所致。然而，数年后，这种疼痛逐渐累及患者全身，甚至出现全身骨骼脆化。更有甚者，打个喷嚏都可能引发骨折。患者每天喊"痛啊痛啊"，因此此种怪病被称为"痛痛病"。科学家经过多年的探究，终于在1968年找到"痛痛病"的致病元凶——镉。神通川流域的神冈矿山在采矿中，将未经处理的含镉废水直接排入河流，神通川流域的水域、土壤、稻米因此均被污染，居民也因此发病。此后，相关工矿企业被告上法庭并签订了受害者赔偿、污染防治、污染土壤修复三方面的协定书。

（二）案例分析

生态文明价值观和社会责任感：

日本"水俣病"和"痛痛病"这两起事件的发生，均由于工业生产性毒物——重金属任意排放引起的严重环境污染而导致，形为环境污染事件，实为工业灾难。结合"水俣病""痛痛病"等重工业污染事件，简单介绍目前我国土壤重金属污染情况。引导学生树立生态文明价值观，加强职业卫生管理和安全生产意识，减少相关环境污染与中毒事件的发生。此外，通过上述案例分析，呼吁学生正确看待经济发展与环境建设之间的关系，树立和践行习近平总书记提出的"绿水青山就是金山银山"的理念，坚持可持续绿色经济发展观和节约资源、保护环境的基本国策。

我国重金属的生产和使用较为广泛。由于前期工业的粗放式发展，重金属类污染物排放量较高，导致我国重金属污染形势严峻。《2020中国生态环境状况公报》显示，我国农用地土壤环境状况总体稳定，但一些重有色金属矿区周边耕地土壤重金属污染问题突出。据统计，我国土壤重金属污染主要有八种（镉、汞、铅、铜、锌、铬、砷、镍）。其中，镉污染最为严重、分布最为广泛。

近年来，我国政府大力开展重金属污染问题的防控，取得积极成效。2022年3月，我国生态环境部推出《关于进一步加强重金属污染防控意见》（简称《防控意见》）。《防控意见》指出，我国目前重点防控的重金属污染物是铅、汞、镉、铬、砷、铊和锑，并对铅、汞、镉、铬和砷5种重点重金属污染物排放量实施总量控制。《防控意见》指出与重金属污染相关的6个重点行业：重有色金属矿采选业、重有色金属冶炼业、铅蓄电池制造业、电镀行业、化学原料及化学制品制造业、皮革鞣制加工业。《防控意见》提出优化涉重金属产业结构和布局、深化重点行业重金属污染治理等建议，进而推动重金属污染深度治理。

（三）课堂讨论

（1）水俣病、痛痛病均由工业生产废水排放不当引起的严重环境污染所导致。通过对上述案例的学习，请学生查阅资料并讨论我国当前对环境造成严重污染的重金属行业及地区分布情况。

（2）请学生思考并讨论从职业卫生管理角度出发，应如何采取措施防止此类事件的发生？

二、丁光生教授以身试药，终于研制出广谱解毒药二巯丁二钠和二巯丁二酸

（一）案例内容

丁光生教授（1921—2022年）是我国著名药理学家，编辑学家，中国科学院上海药物研究所药理学研究奠基人，终身成就奖获得者。1950年，丁光生获芝加哥大学药理系博士学位。面对美国优厚的工作条件，他毫不犹豫地选择了放弃，冲破重重阻挠毅然回到祖国，加入中国科学院上海药物研究所。回国后，丁先生从零开始组建药理学研究团队，并致力于心血管药与抗血吸虫病的新药研究。新中国成立前，我国南方广泛流行的血吸虫病夺走了无数人的生命。当时用锑剂（主要是吐酒石）治疗，由于锑毒性很大，一些患者注射完不久，就因为锑中毒而丧命，急需研发出特效抢救药物。因此，研制解毒促排特效药，成为当务之急。

1954年，丁光生与其科研团队开始寻找解毒促排特效药的研究工作。这个过程是复杂而艰辛的，他们分析当时国内外有关解毒药的大量资料，筛选了上千种中药和合成药，经过反复筛选，初步提出八种不同类型的化合物。经详细分析比较，丁光生团队认为二巯基类比较理想，它有两个活泼的羟基，与金属离子有较强亲和力，会形成无毒性的小分子螯合物，从尿中排出；也

会使结合在体内某些酶或蛋白质分子中的金属脱开，从而起到解毒促排的作用。通过大量的动物实验，丁光生团队发现二巯丁二钠不仅可以有效缓解锑中毒症状，而且对于铅、汞、砷等金属中毒也具有解毒作用。这就意味着二巯丁二钠可以作为一种广谱金属中毒的解毒促排特效药！在当时，我国工矿行业有不少劳动者发生铅、汞、砷等中毒，这一发现无疑是非常令人振奋的！

然而，一种好药不仅需要疗效高，还应确保使用安全。为了对病人负责，丁光生以身试药。1958年4月26日，在上海中山医院内科医师监护下，他和团队成员以自身进行了试验研究，经过轮番多次用药，发现静脉注射二巯丁二钠后，无论在体格检查、血压、心电图、血、尿常规检查还是主观感觉上，均未见明显变化。半小时内，约有40%巯基从尿中排泄出来。这说明二巯丁二钠毒性低、安全，可用于临床。

1958年，二巯丁二钠开始用于锑中毒病人的治疗和抢救。1963年，该药用于治疗砷、铅、汞中毒病人。1964年，该药还被成功用于肝豆状核病人促排铜治疗，具有良好的治疗效果。在此之前，肝豆状核变性作为一种遗传性的铜代谢障碍病，需终身服用促排药。不仅如此，该药对非金属中毒亦有良效，被作为一些非金属中毒（如"杀虫双""毒鼠强"和毒蘑菇中毒）的首选解毒药。

二巯丁二钠针剂虽对金属中毒有特效，但它在空气中不稳定，不能制成口服剂型。考虑到口服制剂服用更加方便、安全、经济，1976年丁光生团队开始对口服二巯丁二酸（DMSA）进行研究。结果显示，DMSA不仅毒性低，容易吸收，而且对多种金属化合物有明显解毒促排作用，口服DMSA治疗效果并不亚于注射二巯丁二钠。1977年10月，二巯丁二酸和二巯丁二酸钠被载入《中华人民共和国药典》。次年，二巯丁二酸有了国际通用名（succimer）。国际上已知的巯基金属解毒药，还有英国的二巯基丙醇、苏联的二巯基丙磺酸钠。三者从稳定性、吸收、毒性和排毒作用等方面进行比较，均以我国的 DMSA 为最佳。

美国亚利桑那州立大学的 Aposhian 教授于 20 世纪 80 年代撰文，肯定了二巯丁二钠和 DMSA 是中国首先研究发明的新药。他在给中国科学院院长卢嘉锡的信中，盛赞二巯丁二钠和 DMSA 的研究在国际产生的积极影响。1990 年 9 月，美国加州大学职业卫生中心的 Kosnett 教授，赞扬 DMSA 的发明和应用的成功，殷切期望共同合作研究。1991 年 1 月，美国食品和药品管理局正式批准 succimer 在美国仿制和临床使用，DMSA 因此成为第一个被美国仿制的中国药。

数十年来，二巯丁二钠和 DMSA 被广泛应用，是抢救、治疗金属（如铅、汞、锑、砷等）和一些非金属中毒（如"杀虫双""毒鼠强"和毒蘑菇中毒）的首选药物。它们挽救了无数人的生命，被誉为造福人类的现代"还魂丹"。

2022 年 10 月 6 日，丁光生因病医治无效逝世，享年 101 岁。丁光生留下遗愿，遗体捐献，后事从简，不举行告别仪式。丁光生一生精忠报国、投身科研，为祖国和人民的健康事业奉献终身，为我国药学事业和学术期刊发展做出了巨大贡献。先生已去，精神永存，深切缅怀老一辈科学家丁光生先生。

（二）案例分析

爱国为民的博大情怀、敢于牺牲的奉献精神、求真务实的工作作风。

通过案例分析，使学生了解丁光生院士为我国药理事业和职业卫生所做出的重大贡献，为学生树立人生的楷模。通过丁光生院士与解毒药的研发故事，鼓励学生学习丁教授胸怀祖国、服务人民的爱国精神，以身试药、不怕牺牲的无私奉献精神，以及追求真理、严谨治学的求实精神。

（三）课堂讨论

生产性毒物种类繁多，然而，目前绝大多数生产性毒物所引起的健康损害并没有特效解毒药。通过该案例分析，结合本章节其他生产性毒物引起的健康损害，请学生选择一两种自己感兴趣的生产性毒物，提出研制相应解毒药的初步想法或设计思路。

三、光气脱除塔冷凝器泄漏中毒事故

（一）案例内容

光气，又被称为碳酰氯（$COCl_2$），是一种重要的有机中间体，广泛应用于农药、医药、塑料制品和聚氨酯材料。在农药生产中，光气被用于合成氨基甲酸酯类杀虫剂西维因、杀菌剂多菌灵以及多种除草剂。以光气为原料生产的异氰酸酯类产品，是聚氨酯涂料、黏结剂、固化剂和人造革的重要原料。因此，异氰酸酯类产品也是合成与应用光气量较多的领域。在行业发展过程中，发生过多起光气泄露中毒事件。光气是一种强刺激、窒息性气体，具有剧毒性。吸入光气会引起肺水肿、肺炎等，具有致死危险。由于它是剧毒性气体，在使用、运输和保存过程中存在极大的危险性，2005年，美国环保署的白皮书认为，光气是目前中毒机制不明、缺乏有效救治手段的重要化学毒剂。

2007年4月20日，某厂工作人员在处理常压光气脱除塔排气管与金属软管泄漏点时，不幸发生光气中毒伤亡事故，造成1人死亡。4月19日23时50分，巡检工甲发现冷凝器处有光气气味且光气检测系统报警，立即通知控制室进行检修。20日0时20分左右，操作工与巡检工佩戴好呼吸面罩后开始寻找泄漏点，同时用负压软管将漏出的少量光气吸除，但在检修过程中，光气泄漏量增大，大量光气直接喷溅到两人的胸部。他们将这一情况报告控制室，控制室派人处理泄漏点后，二人迅速撤离至安全区。之后，操作工先摘掉呼吸面罩，再脱掉被污染的工作服，这导致其吸入了工作服上残余的光气。而巡检工则在戴着呼吸面罩的情况下，先用压缩空气管吹扫身上衣物，再摘除面罩。因防护措施得当，巡检工没有吸入光气。当其他工作人员询问二人有无吸入光气，操作工回答"有吸入一些"，但认为是小事。虽然其他员工多次敦促其去医院观察治疗，但操作工都未去医院。直至20日2时40分，部门领导得知情况，强制性地将操作工送往医院。可惜的是，操作工于数小时后毒性发作，因抢救无效而死亡。

  光气急性中毒的临床表现一般分为四期：①刺激期（立即反应期）：吸入光气当时即出现呛咳、胸闷、气促和眼结膜刺激症状，还可有头晕、头痛、恶心等。②潜伏期：吸入光气后一般有3～4小时的症状缓解期，这时刺激期所表现的症状可缓解或消失，但肺部病变仍在发展。吸入光气量越大，发生肺水肿的潜伏期越短，病情越严重，进展越迅速。③肺水肿期：肺部病变逐步发展为肺水肿，可有怕冷、发热、头昏、烦躁不安、胸闷、气急、呼吸困难、发绀、咳嗽、咯粉红色泡沫样痰，甚至出现休克等症状。④恢复期：经积极救治，肺水肿逐渐吸收，3～4天后基本恢复。急性中毒痊愈后，一般无后遗症。

  一项对我国近30年急性光气中毒与接触反应分析的研究显示，急性光气暴露后自觉症状按发生率由高到低排列依次为：胸闷、咳嗽、气急、恶心、流泪、乏力和呼吸困难等。由于光气的溶解度小，所以低浓度暴露时主要表现为下呼吸道的刺激作用，而眼结膜刺激反应如流泪和上呼吸道刺激反应则发生较少；而在高浓度光气暴露时，上呼吸道与下呼吸道刺激反应均可以被观察到。急性光气中毒引起的眼结膜和上呼吸道刺激症状很快能够得到缓解，但在潜伏期之后可出现迟发性的肺水肿，因此光气接触者都必须留院观察至少 48 小时。但在一些综合性医院，医生对这一点的认识还不够，有 3 例患者在对症处理刺激症状好转后，病人就离开，随后突然出现呼吸困难、发绀、胸闷等一些肺水肿的症状时再就医，给后续治疗带来不利。

此案例中，患者吸入光气后未引起患者本人或企业管理人员的重视。这种情况，同样也发生在类似案例中。资料显示，1132 例中至少有 150 例在吸入或接触光气后 3～4 小时出现自觉症状后才就医，延误最佳治疗时机。由于光气可以引起机体缺氧，少数患者在光气吸入后继续活动，加重机体缺氧，更有可能导致死亡。

（二）案例分析

1. 事故原因

（1）直接原因：操作人员的光气泄漏事故处理经验不足，处理程序错误导致光气漏出；当光气溅到衣物上时，操作工没有及时用压缩空气管吹扫被污染的衣物，同时过早摘掉呼吸面罩，导致吸入光气并造成严重中毒；操作工吸入光气后，没有按安全管理规定及时到医院观察治疗，延误了抢救的时间。

（2）间接原因：现场安全管理制度存在漏洞，相关机器操作规范未培训到位；在发生中毒事故时的个人防范措施和应急处理程序不明确；职工的自我防护意识差；对于危险岗位员工，企业没有定期进行安全教育，安排事故演练。

2. 思政元素

（1）树立安全意识，构筑职业卫生安全防线。提升学生的专业认同感。职业安全首先要提高生产的防范意识，让工人都深切认识到安全生产容不得半点马虎大意和侥幸心理。近年来，有毒气体中毒事件屡屡发生，严重威胁广大劳动者的身心健康，多数是安全生产防范意识疏忽导致的。安全自始至终都是构建和谐社会的基石，企业没有安全也就谈不上发展；安全问题无小事，无论何时我们应该及时识别安全隐患，树立安全防范意识。

（2）理论与实际相结合。新时代思政课程要求实现课本与现实相联系，理论与实际相统一，职业卫生课程教学中教师可以引导学生思考理论知识具有什么样的用途。职业卫生与职业医学，包含大量的职业性有害因素的内容及预防等知识。掌握这些重要的专业知识，有助于职业卫生标准的制定，完善职业卫生防护措施。

（三）课堂讨论

因泄漏和（或）防护不当所造成的光气泄漏，常被患者本人或者管理层所忽略而导致严重后果。教师可以在课堂上引导学生查阅相关资料，探讨光气中毒防治的重点。并通过本案例思考，刺激性气体可能引起什么症状？其机理分别是什么？

四、河北某特种橡胶股份有限公司氯气中毒事故

（一）案例内容

2017年5月13日凌晨3时30分，河北省沧州市某特种橡胶股份有限公司发生氯气泄漏事故，导致该公司现场员工及附近人员中毒，周边群众一千余人被紧急疏散。此次事故造成2人死亡、25人入院治疗。该公司位于河北省沧州市河间市黎民居乡孙郭庄村，有职工48人，主要产品为氯醚橡胶和氯磺化聚乙烯橡胶，生产中使用液氯（钢瓶装）等危险化学品作为原料，液氯使用量约为每年两千吨。经初步分析，事故的直接原因是：该

公司为降低氯气使用成本、避免频繁切换液氯钢瓶，违法建设一容积为15立方米的储罐，私自增加液氯储量。5月13日凌晨，在通过液氯罐车向该储罐卸料时，储罐底阀阀后出料管破裂引发液氯泄漏，该公司第一时间应急处置不力，导致液氯长时间大量泄漏，致使现场员工及附近人员中毒。该起事故暴露出事故企业安全意识淡薄、安全生产能力严重不足、违法违规组织生产、人员专业知识缺乏、企业员工学历和业务素质不符合国家相关要求、周边安全防护距离不足、应急管理能力缺失等突出问题，性质十分恶劣，后果非常严重，如果当时气象条件不利，将会导致更为严重的事故后果。同时，还反映出当地安全监管部门行政许可不严格、不认真，评价机构的安全评价罔顾事实等突出问题。

（二）案例分析

1. 从案例中可以得到什么启示，企业应该如何提高应对职业危害事件的能力

（1）加强职工职业健康安全培训，树立"安全第一，健康至上"的理念。提高职工职业健康安全技术素质，使职工具备相应的职业健康知识和应急能力，树立"安全第一，健康至上"的理念，依据国家行业相关法规和企业自身需要，进行职工职业健康安全培训。职业健康安全培训主要包括安全思想、职业健康安全技术知识和事故案例三方面的内容。

（2）规范职业病应急管理，加强职业健康应急处置意识。当发生急性职业病危害事故时，对遭受或者可能遭受急性职业病危害的劳动者，及时组织应急健康检查。依据检查结果，确定危害因素，为急救和治疗提供依据，控制职业病危害因素的继续蔓延和发展。

（3）完善职业安全健康管理制度，明确用人单位职业安全健康管理职责。做好职业病危害防护设施"三同时"建设及工作场所职业病危害因素的定期检测。主动进行职业病危害进行申报，做好劳动者职业健康检查，发现疑似职业病、职业禁忌证人员时应妥善处理。

2. 思政元素

（1）依法治国，坚持顶层设计与法治实践相结合。利用案例阐述依法治国理念的重要性。随着时代发展，国家治理日趋现代化，越来越需要一套科学完备的法律体系来规范社会人民的行为。秉持着"人民至上"理念，《职业病防治法》明确了企业的权利和义务，该法要求企业对职工职业健康安全培训，树立"安全第一，健康至上"理念。这是我国提高职工职业健康安全技术素质，保障职业工人的身心健康的重要举措。但是，正如案例中的橡胶公司为了蝇头小利而酿出大祸，这就表明科学立法仅仅是在全面推进依法治国的工作格局中的一个前提，只有相关部门严格执法、公正司法，企业守法，职工们的利益才能得到真正的保障，才会有益于国家的进一步发展。

（2）提倡学生全面发展，提升专业认同度。职业卫生防治机构在职业性有害因素的预防和控制中起重要作用。作为今后职业卫生事业的预备军，学生一定要学好专业知识，用扎实的理论基础和实践能力武装自己，才能在今后的工作中更好地履行责任，为国家的职业卫生事件贡献自己的一分力量。

（三）课堂讨论

此次发生的液氯泄漏事件性质恶劣，不仅造成多人中毒，而且可能进一步污染环境。教师可以在课堂上引导学生查阅相关资料，探讨在处理刺激性气体中毒事件的重点。

（1）职业卫生防治机构和企业应该如何提高防治刺激性气体中毒的能力？

（2）发生氯气中毒时的救治要点是什么？

五、佛山市某炼铁厂急性一氧化碳中毒事故

（一）案例内容

2015年3月15日凌晨2时20分左右,某炼铁厂3名原料工去热风炉进行检修工作。凌晨3时左右,炉前工B与其他工人发现热风炉下面躺着两个人,B一人前去查看,并让其他人去值班室报告。车间主任A接到报告后,马上赶往现场参与救治,A将1名晕倒的工人往外拖一段距离后施以人工呼吸。附近巡检的热风班长D、热风工E两人接到消息后也立即前往该热风炉,两人合力从炉内拖出另1名晕倒的工人。值班工长C到达事故现场,发现之前前往救治的A、B、D三人均已晕倒,便将他们往外拽出10多米后,向厂区报告并进行停炉工作,但在停炉过程中晕倒。相关伤员被紧急送往当地镇医院就医,但由于缺少救治条件,故将全部人员送往区人民医院,其中患者A和E病情较重,再转送至市级人民医院治疗。

事故企业基本情况调查:该企业系一家冶炼工业废渣的民营企业,主要生产生铁。高炉炼铁系统由管理人员设计,按照其他厂的图纸建设,并采用其他厂部分旧设备。热风炉工艺流程热风炉是高炉炼铁的主要设备之一,高炉煤气主要成分为:CO、CO_2、N_2、H_2、CH_4等,其中CO含量占25%左右。

当地职业病防治机构职业卫生人员在接报后赶到现场,按照《工作场所空气有毒物质测定:无机含碳化合物（GBZ/T 160.28—2004）》中的要求,分别对该热风炉及周边进行一氧化碳检测。但是,由于企业已进行停炉处理,加上热风炉各孔洞仍处于敞开状态,测得的结果均为大气本底。

此次事故,共造成在热风炉作业的3名原料工当场死亡,5

名救援人员（高炉主任A、炉前工B、值班工长C、热风班长D、热风工E）受伤。伤者经镇医院吸氧、脱水降颅压、补液处理后转至区医院，部分伤员转运至市医院。经区、市两级医院临床诊断均为急性一氧化碳中毒。高炉主任A（50岁），转至区医院时，主诉：吸入一氧化碳后神志改变3小时；临床症状为：反应淡漠、伴头晕、心悸、胸闷、肢体乏力；转至市区医院后，主诉：吸入一氧化碳后意识不清14小时；临床症状为：自觉头痛、胸闷，唇周末见樱桃红色，HbCO：1.8%。热风工E（29岁），送至镇区医院时，主诉：吸入一氧化碳后不省人事伴抽搐2小时；临床症状为：昏迷、伴四肢强直抽搐、口唇红润；转运后在市医院时，主诉：吸入一氧化碳后呼之不应11小时；临床症状为：未见明显抽搐、神志模糊、精神较差、口唇无发绀。没有转运的患者炉前工B（48岁），值班工长C（52岁），热风班长D（54岁），在区医院有着相同的主诉和临床症状，即吸入一氧化碳后头晕、头痛，且不能行走、口唇红润。

研究人员对案发经过进行调查发现，作业人员在进入该有限空间热风炉作业前，未对热风炉进行通风置换，且作业过程中未持续通风；在进入作业前未对作业环境的有毒、有害气体及氧气浓度进行检测；未按规定佩戴呼吸护具等个人防护用品即进入有限空间作业；在煤气危险区域作业未按规定携带煤气检测报警装置。另外，前去救援的高炉车间人员在没有佩戴呼吸护具等个人防护用品的情况下，贸然进入煤气泄漏区域，造成不必要的伤害。结合多方面的材料，最终认为死伤人员为急性一氧化碳中毒的可能性较大。

（二）案例分析

强调团队协作，培养职业责任感。通过本章节的学习，学生应理解在职业卫生突发事件处理过程中，需要与各机构部门

(医院、疾病预防控制中心、环境保护等部门)、各专业人员(医生、护士、疾病预防控制中心医师等)协调和合作,培养学生积极向上、乐于助人、团队合作的高尚情操。

(1) 遇到突发事件,医疗机构在收到工矿企业的伤情消息时,应及时通知职业病防治机构。职业病防治机构对救治工作给予指导性意见,同时主要负责现场卫生学调查与处置现场剩余的毒物。随着国家和政府对突发公共卫生事件预防救治工作的日益重视,医疗机构大多组建了相应的突发公共卫生事件应急小组,配备了相应的医技护人员及必要的医疗药品、特殊解毒药品及必要的仪器设备,实施应急处置和救治,对重大的职业病危害事故承担接、转诊工作。但在农村、边远地区或经济欠发达地区,这样的组合在应对突发性职业病危害事故的处理还不够理想,应急能力还有待提高。

(2) 国家应根据基层的实际情况,建立和完善适合国情的职业卫生服务体系。要鼓励社会资源创建职业卫生技术服务机构。应遵循市场可管理的原则,对部分具有职业病诊断和鉴定能力的医院承认资质,提高职业病防治服务水平,加强职业病防治机构队伍建设。放开政策管理,让其他相关领域的市场相互竞争,在市场经济规则的作用下实现优胜劣汰。

(三) 课堂讨论

由于工人进行热风炉作业时没有严格遵守安全防范而造成一氧化碳中毒,前去救援的工人们也没有佩戴相应的防护用具,导致惨剧发生。教师可以在课堂上引导学生查阅文献,讨论一氧化碳中毒的识别和防治要点。

(1) 应该如何处置疑似一氧化碳中毒者?防治要点是什么?

(2) 一氧化碳作为窒息性气体与其他窒息性气体(如二氧化碳)有什么不同?

六、一起急性窒息性气体二氧化碳中毒事件

（一）案例内容

2011年11月9日19时，某医院120急救中心接到求救电话，称当地隧道工地内有近百名工人作业，其中有人中毒昏迷，具体中毒人数不明。急诊科立即派人员前往现场急救，同时报告院领导，迅速组织抢救。

经专业人员判断可能中毒原因：施工过程中运土的机车突然故障，在洞内起火燃烧，加上洞内通风不足，产生大量二氧化碳等气体，引发窒息性气体中毒。到达现场后，医护人员迅速使患者离开现场并将患者转移至空气新鲜处，保持镇静、保暖、卧床休息、减少耗氧，同时保持患者呼吸道畅通，及时给氧。迅速按患者伤情进行检伤分类：将危重症病人、重症病人、轻症病人分别以红标、黄标、绿标标识，按首优、次优现场紧急处理后及时送到医院进行抢救治疗。

严密观察病人的意识情况，对于意识丧失，呼吸、心搏骤停者应在脱离现场后立即进行心肺复苏。对呼吸困难及发绀患者尽早氧疗，可改善机体的缺氧状态，防治脑水肿、肺水肿，为后续进一步治疗争取时间。一般情况下，常用的给氧方法为鼻导管法，氧流量可自 2~3 L/min 逐渐升至 5 L/min，也可面罩给氧，用简便面罩时氧流量不宜低于 4 L/min。中、重度患者应早期应用高压氧（HBO）治疗。另外，早期、足量、短程使用肾上腺糖皮质激素可明显降低患者的应激反应，减轻肺水肿及脑水肿。同时，视病情给予抗感染、镇静、解痉、脱水、利尿、营养心肌、促进脑细胞代谢等药物治疗。

本起事件，共救治患者30人，危重症患者和重症患者15

人，轻症患者15人。其中，救治男性24人、女性6人，年龄18～55岁，平均年龄31岁，多为青壮年民工。危重症患者有昏迷、发绀、呼吸困难、躁动、抽搐、大小便失禁等症状；重症患者神志恍惚，有呼吸困难、抽搐、烦躁、头剧痛、恶心呕吐、眼花等症状；轻症患者有头痛、头昏、恶心、乏力、恐惧等症状。有2人因条件有限（需进高压氧舱），转诊上级医院，其余28人经住院观察2～3天治愈出院，无患者死亡。

（二）案例分析

服务人民，奉献社会：

教师在进行窒息性气体中毒救治的章节介绍时，通过相关新闻视频内容，让学生观看近年来我国发生的生产事故过程中，武警、解放军、消防员等，如何靠生命与热血践行为人民服务的誓言。借助视频资料，让学生感悟如何在平凡岗位中勇于担当与发扬甘于奉献的精神，在危险中保持迎难而上、绝不退缩的品质，从而充分培养"服务人民"的精神。同时，引导学生积极学习专业课程，才有可能在今后的岗位中实现自我价值，高质量地完成职业卫生的预防工作，避免生产安全事故的发生。

（三）课堂讨论

发生群体性中毒事件时，需要救治者同时具有临床救治技能和处理突发公共卫生事件的经验。教师可以在课堂上引导学生查阅文献，讨论在处理突发公共卫生事件的重点。

(1) 二氧化碳中毒引起窒息的机制是什么？
(2) 当发生突发公共卫生事件时，一般的处理流程是什么？

七、发现苯结构的故事

（一）案例内容

法拉第不仅在物理学上取得了卓越成就，而且在化学方面也做出了突出的贡献。法拉第是第一个发现苯的人。19世纪初，煤气灯已经在欧洲很多国家普及。当时，煤气制备后剩下无人问津的一种油状液体引起了法拉第的兴趣，他从鱼油等类似的热裂解产品中分离出了纯度较高的苯，称为"氢的重碳化物"，还对苯的部分物理性质和化学结构进行鉴定，并提出苯分子结构：碳氢比 $C:H=1:1$。1833年，德国科学家米希里希提出了苯分子结构化学式（C_6H_6），包含6个碳和6个氢原子。1845年，德国化学家霍夫曼也从煤焦油的轻馏分中发现了苯，他的学生曼斯菲尔德随后对苯加工提纯。接后，霍夫曼又发明了结晶法来精制苯，并进行工业应用研究，开创了苯的加工利用技术。1861年，化学家洛希米特首次提出了苯的单、双键交替结构，但他的研究成果并未受重视。

凯库勒是一位极富想象力的化学家，长期被苯的结构困惑。一天夜晚，他在书房中打瞌睡时又梦见旋转的碳原子。碳原子的长链像一条盘绕卷曲的蛇，忽然咬住自己的尾巴并不停旋转。凯库勒像触电般猛然惊醒，脑子中灵光一现，有了一个大胆设想：苯分子是一个封闭的环状结构。1866年，凯库勒正式提出苯分子是由6个碳原子以单、双建交替结合组合的环状链式，即"凯库勒式"。凯库勒曾说，"让我们学会做梦，那么我们就可以发现真理。"这个发现苯结构的故事，成为化学史上的一段佳话。

（二）案例分析

（1）知识扎实才能开拓创新。凯库勒的梦中发现并非偶然，与他的渊博知识、丰富想象、对问题的执着追求是分不开的。学生只有掌握扎实的理论知识，才会有发明创造的基础。尽管凯库勒是受梦境启发而提出苯的结构式，但那也是他长时间沉浸式研究、冥思苦想的结果。这表明科学发现不是一蹴而就的，而是要有有准备的大脑，不畏艰难、不退缩，为科学奉献的精神。此外，科学发现的道路是曲折的，一个科研成果初次提出，并不能保证完美，而是需要不断去探索、去完善。这也是科学家的责任、使命以及专业精神的体现。

（2）敢于创新，实现"从无到有"。习近平总书记在上海考察时，提出："要强化科技创新策源功能，努力实现科学新发现、技术新发明、产业新方向、发展新理念从无到有的跨越，成为科学规律的第一发现者、技术发明的第一创造者、创新产业的第一开拓者、创新理念的第一实践者。"爱默生也说过，"不要去走别人走过的老路，要在还没有路的地方给别人趟出一条道来。"我们做事，就是给别人趟出一条路，这就是原创精神。假如我们把整个科研过程看成从"0到100"的过程，那么这个从无到有，从"0到1"的过程非常重要，既是原创过程；又是新知识产生的过程。比如"二氧化碳人工合成淀粉"这一令人振奋突破。淀粉作为最主要的粮食成分之一，其可持续供应是人类未来面临的挑战，而这一研究的发现就是创新能力的突破。同学们要怀着一颗赤子之心，锐意进取，大胆创新。

（三）课堂讨论

讲讲历史上的诸多发明，如何实现"从0到1"？又体现出什么共同特点？

八、三氯乙烯中毒"猛于虎"

(一) 案例内容

27岁的湖北咸宁人章某,在东莞的一家镀膜公司打工。他的主要工作是把用三氯乙烯清洗后的五金制品转移到超声波清洗缸里。上班20多天后,他的身上逐渐起了皮疹并出现脱皮现象。随后,他到广州武警总队医院就诊,被诊断为"三氯乙烯药疹样皮炎"。虽然经过四个多月的救治,章某仍因全身溃烂而死亡。

2003年,湖北黄冈人尹某在电镀厂工作。他的主要工作是用三氯乙烯清洗电镀零配件。上班一个月后,他的身上起了很多红色疱疹。这使他又痒又疼,以致后来连眼睛也无法睁开。2003年9月,公司将他送到广东省职业病防治医院,他被诊断为"三氯乙烯药疹样皮炎"。经由半年的治疗,尹某的病情稍微好转,但因医药费不足导致病情加重,"一夜之间皮肤、头发还有眼睫毛都白了"。他从年轻帅小伙子变成了看似六七十岁的容貌丑陋的白头翁,这使他备受歧视。自此,他以天桥底为家,靠捡破烂维生。2014年8月,他终于进入大岭山的一家家具厂工作。他不敢与人提及过往,只说自己是得了先天性皮肤病。

20世纪90年代初,深圳宝安出现了全国第一例三氯乙烯药疹样皮炎。一个35岁的男性工人,全身皮肤起水泡、剥落,昏迷,不久后死亡。据统计,1993—2003年,我国发生83例三氯乙烯药疹样皮炎,其中14人死亡。

该病仅局限于过敏体质的人,极少量接触即可发病,以弥漫性皮损、发烧、肝功能损害严重为主要特征,如不及早发现并脱离接触,病死率非常高。对于此类危害严重且病因明确的职业病，防控的关键是一级预防，即减少甚至消除病因；其次，是做好二级预防，及早发现，早诊断、早处理。但在职业卫生的实践工作中，如何指导和规范企业做好三氯乙烯中毒的防控，需要有相应的职业危害防护指南或规则。为此，我国的职业卫生专家们，中山大学公共卫生学院原院长、中国毒理学会理事长、深圳市疾病预防控制中心主任庄志雄教授及深圳市宝安区疾病预防控制中心朱志良主任医师，联合广东省多家职业病防治机构专家，经职业卫生调查结合职业病临床观察资料，在工作场所空气中三氯乙烯接触限值基础上，制定了我国《职业性急性三氯乙烯中毒诊断标准》（GBZ 38—2006）、《职业性三氯乙烯药疹样皮炎诊断标准》（GBZ 185—2006）并于2006年颁布实施。随后，我国于2017年颁布《工作场所空气有毒物质测定 第78部分：氯乙烯、二氯乙烯、三氯乙烯和四氯乙烯》（GBZ/T 300.78—2017）标准检测方法。多年来，职业卫生人员一直努力探索更加有效的三氯乙烯防控策略，并正在开展相关防护标准的制订。这些努力使得职业性三氯乙烯中毒的发生在近年来得到有效控制。

（二）案例分析

（1）职业病防治人的大爱。虽然职业病防治工作者不直接参与疾病的临床治疗，但他们身上具备过硬的专业知识和对职业中毒的高度敏感性，患者才能被很快诊断出病因，这展示了公共卫生工作的专业性和重要性。职业病防治工作者要怀着一颗悲悯之心，"救人一命，胜造七级浮屠"，关爱职业人群，为他们的健康福祉着想。这也是职业病防治人的共同愿望。大学生在校期间，应该扎实学好过硬的专业知识，深入领悟公共卫生人的"大爱精神"，热爱公共卫生事业，敢于担当的使命感和职业责任心，提升从事公卫事业的成就感。

（2）健康中国，职业健康先行。职业环境的优劣，与劳动者健康状况息息相关。保障工人的健康，才能促进国民经济健康、可持续发展。党和国家始终将人民群众的生命安全和身体健康放在首位，积极应对和科学处置，并不断完善我国职业病防治法律规制，充分彰显中国特色社会主义制度优势。通过本次课程的案例分析，激发学生的爱国情怀和敬业精神、提升学生的专业认同感、增强学生对公共卫生事件处置的责任心和使命感。同时，也强调用人单位的主体责任意识，提高劳动者的职业健康素养。

（三）课堂讨论

结合案例和职业特点，引导学生探讨目前三氯乙烯中毒和预防诊断有什么困境？预防医学学生应如何改善其现状？

九、溴丙烷中毒的破案推理过程

（一）案例内容

2013年5月，某22岁女性到金属零件清洗公司打工，主要工作是用机器清洗高尔夫球杆头，皮肤并没有直接接触溴丙烷。2013年7月，她感觉腰部失去知觉，并且麻木感往脚部延伸。2013年8月，她因"多发性神经病变"被收治入院，同年11月因被医院诊断为"中毒性神经病变，疑溴丙烷相关"，遂向职业症防治院申请职业病诊断。

疾病证据：2013年8月开始，该女性出现腰部麻木，并逐渐延伸到双下肢，双下肢无力，一周内陆续出现走路不稳、容易跌倒、双下肢肌肉痉挛疼痛、尿频、便秘等症状，还有反应变迟缓、短期记忆受损表现，并在吸烟后加重。神经肌电图检查显示符合多发性神经病变，排除其他疾病，确诊为毒性脊髓病变。

暴露证据：从 2013 年 5 月起该女性从事浸泡清洗作业，接触清洗剂溴丙烷。操作时，其双手持整组挂具，先后浸泡在四个清洗槽中，前三槽内装有溴丙烷，每日处理约 800～1000 个高尔夫球杆头。有时她还要负责高尔夫球杆头的刷污作业，需要拿沾有溴丙烷的抹布刷洗杆头，每天作业半小时左右。作业车间无抽风排气设施。休息室与作业车间相通，可以闻到明显的溴丙烷气味。

暴露与疾病的时序性：患者从事高尔夫球杆头清洗作业前并无任何多发性神经病变症状，疾病发生是在工作以后出现。

医学文献的一致性：

（1）动物实验发现 1-溴丙烷暴露的大鼠出现四肢无力、瘫痪等症状，检查发现有神经传导和远端潜伏期延长、周边神经和中枢神经轴突髓鞘的腿退行性变以及雄鼠睾丸生殖能力损害。

（2）2004 年的病例——对照研究以某 1-溴丙烷制造工厂 27 名女工为病例组，啤酒厂 23 名员工作为对照组，发现病例组女工的胫神经远端潜伏期延长、腓神经感觉神经传导速度下降及双手指及双大拇指的震动觉减少。该厂的 8 小时 - 时间加权平均浓度（8h-TWA）是 0.34～49.19 ppm。

（3）2010 年研究报道，1-溴丙烷厂女工的暴露负荷与胫神经远端潜伏期、脚趾震动感觉阈值存在剂量—反应关系。2013 年 8 月至 10 月间，暴露组有 6 个员工出现类似症状。

排除可能的影响因素：患者发病前无代谢性疾病、外伤、脑血管疾病等病史。住院期间，患者接受脑部断层、脊髓液穿刺检查以及头部、颈部、胸部、腰部磁共振造影检查，皆未发现任何异常，可排除肿瘤等占位病灶。检查治疗也排除多发性硬化症可能性，因此推断个案无溴丙烷神经毒性以外的其他致病因素。

(二) 案例分析

如今,职业病已经成为制约社会经济可持续发展的重要因素,给社会、劳动者及其家庭造成沉重的经济负担。职业病诊断与鉴定是一项非常严肃的、高要求的专业技术,有别于一般的临床疾病诊断,其不仅具有高度的科学性,而且有很强的政策性。客观公正的职业病诊断,能更好地维护劳动者职业健康合法权益,促使用人单位认真反思,提高重视程度,从源头加强职业病预防。职业病诊断医师不仅需要对诊断结论负责,还要求过硬的技术基础、逻辑严密、证据链完整,媲美破案。而这些职业素养需建立在扎实的专业知识、丰富的经验和一丝不苟的工作态度上。

(三) 课堂讨论

结合学过的职业病诊断原则,对该案例做出诊断分析。

十、饱受争议的染发剂致癌

(一) 案例内容

已有研究表明,苯的一些氨基类化合物具有致癌性,如联苯胺、β-萘胺、4-氨基联苯,职业人群如果长期接触可导致膀胱癌。染发剂由于生产的需要,也添加了一些苯的氨基类物质,如对苯二胺、邻苯二胺等。自20世纪70年代有研究人员发现染发剂中的染料可能"具有致癌性"以来,有关染发剂致癌性的争议就未曾停息。那么,染发剂究竟会不会致癌?

对苯二胺是染发剂中最有效的成分之一,起到固色的作用,在大部分染发剂中几乎是必不可不少的。2017年10月27日,对苯二胺被世界卫生组织下属的国际癌症机构（International Agency for Research on Cancer，IARC）列入3类［根据当时国际癌症研究机构对致癌物划分的四个等级：1、2（2A和2B）、3、4］致癌物清单，而这也正是让染发剂被认为"致癌"的元凶物质之一。此外，常见于染发剂中的其他化学物质如邻苯二胺、间苯二酚等也被归为3类致癌物。根据最新IARC致癌物划分标准，将原有第3类和第4类合并，归为"对人的致癌性尚无法分类"。根据IARC对3类致癌物的划定依据是"不属于1和2类的因素通常被放在这个类别中；当在动物实验和人类致癌性证据均不足时，通常放在此类别；当有强有力的证据表明在实验动物中有致癌性机制但不能在人类身上起作用，在人类身上的证据还不够时，也可放在此类别中。"由此可见，尚没有充分的科学证据表明染发剂会致癌。

（二）案例分析

关于染发剂致癌性的争议已持续多年，本案例由热议话题"染发剂的致癌性"引入，分析染发剂成分中苯的氨基类化学物的致癌性及分类。在案例分析过程中，可激发学生对该章节的学习热情与兴趣，提倡学生要注重知识的积累及在生活中灵活运用。此外，让学生认识到打牢专业基础的重要性，遇到类似事情要利用所学习的知识进行科学分析，而不要被舆论牵着鼻子走。

（三）课堂讨论

通过该案例的分析，引导学生牢固掌握本章节相关知识并进行分组讨论。如果遇到此类问题，应该如何利用专业知识，合理解答公众心中的疑惑？

十一、高分子化学奠基人施陶丁格与化学的不解之缘

（一）案例内容

高分子化合物距离我们的生活并不遥远。随处可见的棉、麻、丝、淀粉、木材等，都是天然高分子化合物。现代工业已经可以合成各种高分子化合物，如塑料、合成纤维、合成橡胶等。高分子材料、金属材料和无机非金属材料，被并称为材料世界的"三大支柱"。而要追溯人造高分子化合物的源头，我们不得不回首高分子化学的奠基人海尔曼·施陶丁格（Hermann Staudinger，1881—1965年）的一生。

海尔曼·施陶丁格于1881年3月23日出生在德国弗尔姆斯。他的父亲是新康德派的哲学家，所以他自小就深受各种哲学思想的熏陶，对新事物非常敏锐，在科学推理时能够不受传统观念的束缚。面对复杂的事物，他善于梳理逻辑、理清思路、发现关键并提出新观点。中学时，他对植物学产生了浓厚的兴趣。毕业后，他考入哈勒大学，希望攻读植物学。此时，施陶丁格父母的一位对科学发展颇有见地的朋友建议他先打好化学基础，再进入植物学领域。施陶丁格采纳了这一中肯的建议，来到达姆的一所工业大学攻读化学。自此，施陶丁格与化学结下了不解之缘。

1903年，施陶丁格完成了关于不饱和化合物丙二酸酯的毕业论文，并顺利毕业。接着，他来到斯特拉斯堡，拜著名的有机化学家梯尔为师，继续深造。1907年，他以在实验中发现的高活性烯酮为题，完成博士论文，获得博士学位。同年，他被聘为卡尔斯鲁厄工业大学的副教授。5年后，他被楚利希联邦工业大学聘为化学教授。14年执教的教学和研究经验，使他熟悉化学。

特别是有机化学的各领域和新理论，为施陶丁格此后开展研究奠定了扎实基础。与此同时，他加入了关于高分子组成、结构的学术论战。1926 年，为了验证自己提出的大分子理论，施陶丁格应聘到布莱斯高的符来堡。在这里，他度过了后半生，取得了许多重要的科研成果。

1932 年，施陶丁格总结大分子理论，出版巨著《高分子有机化合物》，这是高分子科学诞生的标志。从此，高分子能够实现大量合成，高分子合成工业迅速发展。1953 年，施陶丁格被授予诺贝尔化学奖，以表彰其在高分子科学领域的伟大贡献。

（二）案例分析

通过分析高分子化学的奠基人海尔曼·施陶丁格不平凡的一生，引导学生及早树立远大的专业理想，并通过坚持不懈的努力，不断提升专业素养，进而实现专业价值。

（三）课堂讨论

古语云："凡事预则立。"结合该案例的分析，引导学生及早认识自己的兴趣所在，并有目的性地做好规划。请学生思考：自己感兴趣的学科专业、阶段性目标，以及为达成该目标初步拟定的人生规划。

十二、精准农业农药喷洒机器人加速农业智能化进程

（一）案例内容

目前，很多农民都使用手动农药喷洒装置或拖拉机上的自行式喷雾器。农药扩散到空气中，可通过呼吸系统或皮肤进入体

内，严重威胁人体健康。近年来，科学家们开辟了利用无人驾驶空中车或无人机喷雾器喷洒农药的新道路，尽可能地减少施药过程中的人体暴露风险。

那格浦尔大学的研究团队总结了自主农药喷洒机器人开发（主要包括平台移动和转向、定位和导航、传感和目标检测以及农药喷洒布置四个方面）的最新进展以及可用于未来加强农业农药喷洒作业的有效方法，提出适合不同应用场景的机器人平台。他们设计了一种有效控制平台导航的算法，用于聚焦目标喷洒，将深度学习卷积神经网络（CNN）算法用于图像处理技术，准确检测植物上的害虫。设计了一种高效的轨迹规划算法，以最小的距离喷洒杀虫剂并覆盖所有害虫，实现精准喷洒，从而减少操作时间。这项技术将有助于减少有毒农药的过量使用，从而最大限度地减少农药的浪费以及对人类和环境的危害。

我国因地理环境、农田作业习惯（药剂、原有农具替代程度、农户普及）等因素影响，无人机在农业领域的推广道路还很长，并面临以下问题：第一，地理环境差异导致作业效率不高，对操作者技术要求较高；第二，改用无人机药物喷洒后，药剂浓度与调配都需要重新适配，缺少适配的飞防药剂，此外，一般农药主要为乳液状和颗粒状，其中颗粒状的调配、溶解难度较大，步骤更烦琐；第三，植保机的归类会直接影响补贴和成本，用于农业喷洒的无人机应该划分到哪个品类下，业界一直存在争议。因此，我国大范围推广无人机施药仍然任重而道远。

（二）案例分析

科学技术已越来越成为当代人在社会生产力上的制高点。当今世界各国综合国力的竞争，核心和关键在于知识创新和技术创新以及高新技术产业化。科技创新越来越成为当今社会生产力的解放和发展的重要基础，越来越决定着一个国家、一个民族的发展进程。基于重视农业从业者的职业健康,改进落后的施药方式,提高农业生产力和生产效率等因素,"无人机"在农业领域中的应用,受到人们的高度关注。从全球范围看,科学技术越来越成为推动经济社会发展的核心力量,利用现代信息技术服务和发展现代农业已是大势所趋。

(三) 课堂讨论

作为公共卫生学子,对于无人机农药喷洒有没有自己的设计灵感?对此,人工智能可以发挥什么作用?

十三、无毒农药是否有毒?

(一) 案例内容

2012年,山东的退休老师雷某,声称发明了一种"无毒农药",并且当场试喝,以证明该药的无毒性。此前,雷某是一名中学化学老师。他凭借多年的经验,配制出"无毒农药"。据了解,这种农药的主要成分是甲壳素和壳聚糖制品,原料从螃蟹、虾米体内提取。雷某声称,这种农药的最大特点是无毒,人畜无害,但在杀虫、杀细菌和预防蔬菜疾病方面具良好效果,属于新型的环保、生态的"无毒药物"。该药目前已经获得国家发明专利,并计划成立农药有限公司进行生产。然而,山东农业检测所质量检测部门认为,只要是农药,就一定有毒,只是成分不同,毒性大小就不同,没有完全无毒的农药。生物农药的主要成分可以是微毒或者无毒,其毒性高低主要由助剂决定。他们认为,该农药目前没有通过审核,也没进行登记,即使登记了,名称也不可能直接含有"无毒农药",必须规范地标注通用名。此外,一些农药相关企业的人认为,目前生产的农药为了保证效果和增加产品稳定性，都要加入助剂，比如甲醛、二甲苯等。因此，从这个意义上来说，农药不可能完全无毒。

（二）案例分析

评估一种农药的毒性高低，不能仅凭"能不能喝"来判断，而是有具体标准。农药毒性是指对高等动物的毒害作用，目前测试其毒性主要通过大小鼠实验，以经口 LC_{50} 或 LD_{50} 值作为标准，LD_{50} 值越大表示对高等动物的毒性越小。农药的毒性与药效其实没有太大的关联，因为同种农药对于哺乳动物与昆虫的毒性不一样。有些农药杀虫效果好，但对人体很安全，比如常见的阿维菌素是一种人畜低毒的驱虫药。一些研究发明的确很振奋人心，但需要保持清醒头脑，不能偏听偏信，大学生应当用学过的职业卫生学和毒理学知识辨别真伪。

（三）课堂讨论

结合案例，设置问题：你认为有"无毒农药"吗？就此问题，你如何看待？

参考文献

［1］Harada M. Minamata disease：methylmercury poisoning in Japan caused by environmental pollution［J］. Crit Rev Toxicol，1995（25）：1－24.

［2］AOSHIMA K. Itai-itai disease：lessons from the investigations of environmental epidemiology conducted in the 1970's，with special reference to the studies of the Toyama Institute of Health［J］. Nihon Eiseigaku Zasshi，2017，72（3）：149－158.

［3］《2020 年中国生态环境状况公报》发布［J］. 电力科技与环保，2021，37（3）：38.

［4］刘瑞平，宋志晓，崔轩，等. 我国土壤环境管理政策进展与展望［J］. 中国环境管理，2021，13（5）：93-100.

［5］中华人民共和国生态环境部. 关于进一步加强重金属污染防控的意见［EB/OL］. 2022.03. https://www.mee.gov.cn/xxgk2018/xxgk/xxgk03/202203/t20220315_971552.html

［6］解毒药二巯丁二酸（钠）的创制［EB/OL］. 2010 年. https://www.cas.cn/kxcb/kpwz/201010/t20101022_2991464.shtml

［7］药理学家丁光生在沪逝世，享年 101 岁［EB/OL］. https://www.chinanews.com.cn/sh/2022/10-07/9867983.shtml

［8］讣告｜我国著名药理学家丁光生先生逝世，享年 101 岁.［EB/OL］. https://www.cn-healthcare.com/article/20221008/content-573667.html

［9］余咸旱，余推波，张克武，等. 涉及光气的安全事故分析与预防措施对策研究［C］//中国工程物理研究院，北京理工大学，中国化学会. 第二届全国危险物质与安全应急技术研讨会论文集. 北京：中国化学会，2013：447-452.

［10］国务院安委会办公室. 国务院安委会办公室关于河北利兴特种橡胶股份有限公司"5·13"氯气中毒事故的通报［J］. 国家安全生产监督管理总局国家煤矿安全监察局公告，2017（6）：18-20.

［11］郭垚，梁俭仪，陈凤娇，等. 一起急性职业中毒事故调查与急性职业病诊断路径探讨［J］. 智慧健康，2019，5(24)：44-46.

［12］刘萍，胡友琼. 一起大型急性窒息性气体中毒的急救护理［J］. 当代护士（下旬刊），2012（2）：142-143.

［13］搜狐网. 苯的发现和结构学说［EB/OL］. https://www.sohu.com/a/122644093_568265.

［14］从 0 到 1 的突破！人工合成淀粉有何厉害之处［EB/OL］.

http://news.iqilu.com/china/gedi/2021/0925/4961887.shtml.

［15］东莞现新型职业病"三氯乙烯中毒"令两人丧命［EB/OL］. http://news.sina.com.cn/o/2014-12-19/095431304271.shtml.

［16］救人一命胜造七级浮屠，职业病防治人的愿望［EB/OL］. https://mp.weixin.qq.com/s/mR5q1s05il0IlHOXqzibuA.

［17］G Ichihara, J Kitoh, et al. 1-bromopropane, an alternative to ozone layer depleting solvents, is dose-dependently neurotoxic to rats in long-term inhalation exposure［J］. Toxicol Sci, 2000, 55 (1): 116-123.

［18］Gaku Ichihara, Weihua Li, et al. Neurologic abnormalities in workers of a 1-bromopropane factory［J］. Environ Health Perspect, 2004, 112 (13): 1319-125.

［19］Weihua Li, Eiji Shibata, et al. Dose-dependent neurologic abnormalities in workers exposed to 1-bromopropane［J］. J Occup Environ Med, 2010, 52 (8): 769-777.

［20］染发剂真的会致癌吗？背负了几十年的骂名，现在终于得以"沉冤昭雪"［EB/OL］. https://www.163.com/dy/article/FGUPS0OS051480KF.html.

［21］染发会致癌，这是真的吗？［EB/OL］. https://www.sogou.com/link?url=hedJjaC291ObCIj2C4ekaqnaZb9IqpydyHVHI5Td465QevY4xbjwFTLCBQJg2iBareaVHN88tHY.

［22］World Health Organization (WHO). IARC monographs on the identification of carcinogenic hazards to humans［J］. agents Classified by the IARC Monographs, 2020, Volumes 1-125.

［23］高分子学科重要人物［EB/OL］. https://www.doc88.com/p-3197531147933.html?r=1.

［24］MESHRAM, A T, et al. Pesticide spraying robot for

precision agriculture:A categorical literature review and future trends [J]. Journal of Field Robotics,2022,39(2):153-171.

[25] 深度:无人机洒农药播种真相!拖拉机才是最大对手[EB/OL]. https://www.sohu.com/a/116378113_115978.

[26] 教师发明无毒农药并试喝 专家称以身试毒不靠谱[EB/OL]. http://news.sohu.com/20120620/n346060257.shtml.

(王　庆　陈丽萍　邢秀梅　谌晓玉　谭明雪　陈红运)

第四章　生产性粉尘与职业性肺部疾患

第一节　课程思政教学设计

一、案例教学适用范围

本案例适用于"职业卫生与职业医学""劳动卫生与职业病学""预防医学"本科生和研究生课程中的生产性粉尘与职业性肺部疾患相关章节的教学。

二、课程教学目标

1. 知识目标

（1）掌握生产性粉尘定义、理化特性及其卫生学意义；尘肺病的诊断。矽肺的定义及影响矽肺发病的主要因素；发病机制、病理改变；矽肺的临床表现与诊断。

（2）熟悉生产性粉尘对健康的影响、控制与防护；石棉肺的特征。

（3）了解生产性粉尘来源与分类；尘肺病人的处理；其他硅酸盐肺；煤矿粉尘与煤工尘肺；其他粉尘与尘肺；有机粉尘及其所致肺部疾患；其他职业性呼吸系统疾病。

2．能力目标

（1）使学生具有运用职业病诊断原则进行尘肺病的诊断与鉴定的基本能力。

（2）使学生具有鉴别各类型尘肺病的基本能力。

（3）使学生能充分理解并运用防治尘肺病的策略和措施。

3．价值目标

（1）培养学生的职业素养和法制思维意识，在进行职业病诊断和鉴定时应当严格遵循"科学、公平、公正、及时和便民"的原则，用国家的法律法规规范自己的职业行为，使学生具有高尚的道德情操。

（2）增加知识的实际运用能力，提高学生专业素养，激发学生的学习热情，培养学生热爱科学、追求真理、勇于探索的精神。

（3）培养学生爱国情怀，树立人民至上、生命至上的理念，为保护人民生命安全和身体健康不懈奋斗。

三、教学方法

本章课程教学可以采用教师讲授、小组案例讨论、教师示范操作、现场参观讲解、实验室操作、观看视频等教学方法，也可采用翻转课堂教学法，将课程教学的知识目标和价值目标融入案例讨论，提高学生学习的积极性和主动性。

第二节　课程思政案例及分析

一、张海超"开胸验肺"事件

（一）案例内容

本案例来自中央政府门户政府网站、央视网。张海超，河南省新密市刘寨镇老寨村人。2004年8月，他于郑州市振东耐磨材料有限公司（简称"振东公司"）从事杂工、破碎、压力机工等工种，长期接触粉尘、噪声。2007年初，振东公司组织职工进行职业健康体检。体检机构发现，张海超的肺部存在异常，给振东公司发出让张海超复查的通知。然而，振东公司收到通知后，并未通知张海超。2007年8月，张海超出现咳嗽、胸闷症状。经郑州大学第一附属医院的系统检查，排除张海超患肺癌、肺结核的可能性，而怀疑其所患为职业性粉尘引起的尘肺。2007年10月，张海超从振东公司离职，进入郑州市中岳塑化技术有限公司（简称"中岳公司"）工作。张海超在振东公司、中岳公司均未参加岗前体检等相关检查。而且，振东公司拒绝提供申请职业病鉴定所需的工作证明、职业健康监护档案这两份重要的材料。就此，张海超难以申请职业病诊断。最终，在郑州市政府协调下，由中岳公司出具张海超的职业病鉴定相关材料。随后，郑州市职业病防治所对张海超进行职业病鉴定。

2009年5月25日，郑州市职业病防治所出具张海超的职业病鉴定报告。鉴定结果显示，张海超患"无尘肺 0^+ 期（医学观察）合并肺结核"。2009年6月初，张海超向郑州市职业病鉴定委员会提出重新鉴定的申请。2009年6月9日，为证明自己罹患的是职业病尘肺而非肺结核，张海超前往郑州大学第一附属医院进行"开胸验肺"。2009年7月1日，张海超办理出院手续。郑州大学第一附属医院出具的出院记录上载明："治疗经过：……于胸外科行肺活检确定为尘肺""出院诊断：尘肺合并感染"。

但是，郑州大学第一附属医院不具备职业病诊断的资质。就此，郑州市职业病防治所对其诊断结论不予认可。但张海超"开胸验肺"事件，在社会上引起广泛关注，多家媒体相继报道。2009年7月15日，中华全国总工会派遣人员到河南，就张海超事件进行调查。7月26日，在卫生部专家的督导下，郑州市职业病防治所再次组织省、市专家对张海超职业病问题进行会诊。诊断结果认为，张海超患"尘肺病Ⅲ期"。9月16日，张海超与振东公司签署了赔偿协议。振东公司赔偿医疗费、护理费、住院期间伙食补偿费、停工留薪期工资、一次性伤残补助金、一次性伤残津贴及各项工伤保险待遇，共计615000元。之后，当地政府又向张海超支付补偿款585000元。

（二）案例分析

（1）拥有扎实的专业知识、高度的责任心，才能做好尘肺病的诊断与鉴定。

本案例属于粉尘接触后导致的尘肺病。尘肺病是我国法定职业病中的一类，2013年，中华人民共和国国家卫生健康委员会（原国家卫生和计划生育委员会）、人力资源和社会保障部、国家安全生产监督管理总局和中华全国总工会，四部门联合发布的职业性尘肺病种类包括：矽肺、煤工尘肺、石墨尘肺、炭黑尘肺、石棉肺、滑石尘肺、水泥尘肺、云母尘肺、陶工尘肺、铝尘肺、电焊工尘肺、铸工尘肺，以及根据标准可以诊断的其他尘肺病。不同的尘肺病由不同性质的粉尘引起。其中共同的病理改变是肺部纤维化。但不同尘肺病的病理表现存在一定差异。比如：矽结节是矽肺的特征性病理改变，粗细不等的灰黑色弥漫性纤维化索条和网架，是石棉肺的典型特征。虽然，尘肺病在不同的发展阶段会表现出不同的临床症状和病理改变，临床医生可据此判断肺部的病损（即进行临床诊断），但职业性粉尘暴露史是尘肺病诊断的前提条件，也是职业病处置中理清责任人的重要依据。因此，尘肺病诊断包含疾病临床诊断和职业危害因素接触的确认。

引导学生进一步复习职业病诊断的原则、职业病诊断与临床疾病诊断的区别等基本理论，加深学生对于"职业病诊断不仅仅是医学技术问题，也是社会管理问题"的理解，使学生更深刻认识到尘肺病的诊断不仅要掌握扎实的科学知识，而且要有强烈的社会责任心；使学生成为一名有广阔视野的、合格的公共卫生人才。结合案例，引导学生进一步理解尘肺病诊断标准的制定和运用，结合诊断学和内科学的相关医学知识，阐释各类型尘肺病的肺部病理改变、肺功能改变和临床表现的特点。尤其强调尘肺病诊断中标准 X 线检查胸片的正确使用，同时指出其中的不足之处，并介绍国内外利用 AI 技术客观、准确进行阅片诊断的研究进展，培养学生热爱科学、追求真理、勇于探索的精神。

（2）遵循科学、公平、公正、及时和便民的原则开展职业病诊断和鉴定。

2009 年河南省新密市张海超以"开胸验肺"方式，最终获得职业病的诊断结果。"开胸验肺"被认为是我国首次以"舆情"推动《职业病防治法》修订。继此事之后，为切实做好职业病防治，本着人民至上、生命至上的理念，遵循科学、公正、及时、便民的原则，针对 2002 年版《职业病防治法》第四十条："劳动者可以在用人单位所在地或者本人居住地依法承担职业病诊断的医疗卫生机构进行职业病诊断"，2011 年版《职业病防治法》将其修改为:"劳动者可以在用人单位所在地、本人户籍所在地或者经常居住地依法承担职业病诊断的医疗卫生机构进行职业病诊断。"

而更为重要的是,2011年版《职业病防治法》强调了在职业病诊断中,用人单位提供职业暴露史资料的责任,以及缺乏职业暴露史条件下进行诊断的条件。以上这些体现了我国制定社会发展战略时优先考虑人民健康和生命安全。

随着《职业病防治法》的修订,我国制定或修订相关职业卫生和职业病诊断标准。通过对《职业性尘肺病诊断标准》《职业性尘肺病的病理诊断》《职业性棉尘病的诊断》《职业性粉尘肺沉着病的诊断》等的介绍,布置学生自学相关内容,使学生进一步理解我国在尘肺病防治上所做的努力和取得的新进展。培养学生的职业素养和法制思维意识,教育学生在今后进行职业病诊断和鉴定时应当严格遵循"科学、公平、公正、及时和便民"的原则,用国家的法律法规规范自己的职业行为。

(三)课堂讨论

张海超为什么第一次没有被诊断为职业性尘肺病?张海超最终被诊断为尘肺病的科学依据是什么?其诊断程序的规范性如何?

二、防尘八字方针经验在我国尘肺病防治中发挥巨大作用

(一)案例内容

通过介绍张海超"开胸验肺"事件,使学生深刻理解尘肺病具有不可逆性。一旦患上尘肺病,无法治愈。但尘肺病是完全

可以预防的，尘肺病的控制，最重要的在于"预防"。早在1956年5月，国务院不仅通过《工厂安全卫生规程》，而且发布《关于厂、矿企业中矽尘危害的决定》。1958年3月，卫生部、劳动部、中华全国总工会联合颁布《矿山防止矽尘危害技术措施暂行办法》《工厂防止矽尘危害技术措施暂行办法》《矽尘作业工人医疗预防措施暂行办法》《产生矽尘的厂矿企业防瘮工作暂行办法》，总结出综合防尘、降尘措施的"革、水、密、风、护、管、教、查"八字方针。这是我国老一辈职业卫生先驱学者心怀劳动者健康，以科学为依据，不畏辛劳深入现场开展调查、研究取得的科学成果，更是他们的智慧结晶。在今天，"八字方针"对控制粉尘危害仍具指导意义。有学者比较尘肺病治与防的费用，见表4-1。

表4-1　浙江东风萤石1963—1983年矽肺患者、死者费用与通风防尘费用　　（单位：万元）

年份	患者				防尘费
	工资	医疗费	抚恤费	小计	
1963	2.13	1.20		3.33	
1964	6.16	3.00	0.18	9.34	
1965	8.48	4.00	0.36	12.84	9.10
1966	1.66	5.36	0.68	7.70	15.58
1967	20.50	12.96	0.97	34.43	15.33
1968	24.00	12.12	1.19	37.31	14.99
1969	25.20	12.85	1.51	39.56	14.40
1970	26.40	9.72	1.66	37.78	14.39
1971	26.40	11.82	1.98	40.20	13.58
1972	27.53	11.24	2.23	41.00	12.85
1973	27.24	12.79	5.64	45.67	15.06

续表 4-1

年份	患者				防尘费
	工资	医疗费	抚恤费	小计	
1974	29.24	19.11	5.57	53.92	15.96
1975	26.58	21.24	6.34	54.16	15.27
1976	29.58	24.42	7.17	61.17	13.49
1977	30.87	26.27	7.74	64.88	13.90
1978	33.31	27.22	8.51	69.04	24.14
1979	33.86	29.17	11.02	74.05	12.51
1980	40.91	30.46	16.58	87.95	9.56
1981	43.57	29.89	8.23	81.69	13.05
1982	39.80	37.85	5.59	83.24	11.52
1983	40.44	40.79	4.81	86.04	19.63

（二）案例分析

控制尘肺病最经济、有效的手段是预防。

职业病是一类病因明确，且关乎个人、家庭、集体和国家利益和发展的疾病。如上所述，预防，是防治职业病最经济、有效的手段。进一步增强学生学习公共卫生专业理论和知识的兴趣，坚定为劳动者提供最经济有效的保护措施、坚守护佑生命的使命和信心。同时，鼓励学生积极思考在尘肺病防治工作中还能如何改进八字方针中的技术措施，进一步做好尘肺病防治工作，直至消除尘肺病。

（三）课堂讨论

寻找身边存在粉尘作业的工作岗位，检查是否存在防护不当并提出防护建议。

参考文献

[1] 专访开胸验肺农民工：与其等死不如赌一把 [EB/OL] https://news.cctv.com/china/20090730/104422.shtml.

[2] "开胸验肺"事件进展：专家确诊张海超患尘肺病 [EB/OL]. http://www.gov.cn/govweb/jrzg/2009-07-27/content_1376400.htm.

[3] 侯敬华. 浅谈防治粉尘的教训与经济效益 [J]. 工业安全与环保, 1984 (5)：10-12.

（肖勇梅　秦静瑶　刘　岩）

第五章 物理因素

第一节 课程思政教学设计

一、案例教学适用范围

本案例适用于"职业卫生与职业医学""劳动卫生与职业病学""预防医学"等本科生和研究生课程中的物理因素相关章节的教学。

二、课程教学目标

1. 知识目标

(1) 掌握物理因素的特征及影响其作用于人体的因素;高温作业的定义和类型、高温作业对机体生理功能的影响、高温作业所致疾病的发病机制和临床表现;减压病的定义、发病机制和临床表现;生产性噪声及分类、噪声对人体健康的影响、影响噪声与机体作用的因素;手臂振动病、影响振动对机体作用的因素;非电离辐射的健康损害效应、电离辐射定义、生物学效应。

(2) 熟悉热致疾病的预防;低温作业对机体的影响;减压病的处理原则;低气压作业相关的职业危害;等响曲线;控制噪

声危害的措施；振动对机体的影响；电离辐射的作用方式和影响因素、放射病。

（3）了解高温生产环境中的气象条件及其特点；低温作业及分级、职业接触、所致的疾病及防治；高气压作业类型、减压病的诊断和预防；低气压作业及对机体的影响、处理原则和预防；声音的物理特性及其评价；振动及其卫生学评价的物理参量、振动的分类与接触机会、振动危害的预防措施；非电离辐射的相关概念、职业接触及危害防护；电离辐射接触机会、常用单位、放射防护、核与放射性事故及其处理原则。

2. 能力目标

（1）通过本章节学习，学生能够掌握各类物理性有害因素卫生标准制定的方法和流程。

（2）通过本章节学习，学生能够熟悉各类物理性有害因素的检测方法和规范。

3. 价值目标

通过理论教学，使学生明白大多数物理因素在一定的范围内对人体无害，甚至可以促进人群健康，但是超过或低于某一范围会对人体健康产生不良影响。通过介绍物理因素的这一特点，教师帮助学生建立一分为二、对立统一的观点，正确理解物理因素对职业人群健康的影响，提高分析解决问题的能力。

三、教学方法

本章课程教学采用理论讲授，利用教师讲授提问和学生思考讨论等方式实现教学知识目标、能力目标和价值目标。学生通过观看每种物理因素的短视频，加深对理论知识的理解和形象化记忆。教师引导学生结合现实中的实际案例，理解并记忆中暑的机制及其临床表现。同时，学生通过阅读文献，了解物理因素健康危害的最新研究进展。

第二节　课程思政案例及分析

一、人人享有职业健康保健，实现全职业生命周期健康管理——东莞手臂振动病事件

（一）案例内容

手臂振动病是指长期从事手传振动作业的职业人群出现以手部末梢循环和（或）手臂神经功能障碍为主的疾病，同时也包括手臂骨关节—肌肉的损伤，典型表现为振动性白指。因此，手臂振动病又被称为"职业性雷诺现象"。该病的发作，具有一过性和时相性的特点。患指一般在手指受冷后出现麻、胀、痛，肤色由灰白变为苍白，由远端向近端发展，界限分明，可持续数分钟至数十分钟，再逐渐由苍白、灰白变为潮红，直至恢复正常肤色。另外，手臂振动病有进展现象，早期症状多为间歇性或持续性手麻（或手痛），其次为手胀、手掌多汗和手臂无力等。这个阶段若进行体格检查，患者会出现指端振动觉和手指的痛、触觉减退等。此时，患者应及时脱离手传振动作业，若继续接触则可发展为职业性手臂振动病。后期患者手部痛觉、振动觉明显减退或手指关节肿胀、变形，可出现指端坏疽。严重者手部肌肉出现明显萎缩或"鹰爪样"的手部畸形，严重影响手部功能。

2009年8月，东莞某公司二厂的17名打磨工因感觉身体不适，要求厂方安排他们进行职业健康检查及职业病鉴定，遭到拒

绝。于是，这些员工自行前往广东省职业病防治院，自费进行职业健康检查及职业病诊断和鉴定。经医学检查及冷水复温实验，诊断医生初步诊断，他们患上了"疑似职业性手臂振动病"，且部分人员的肺部出现小阴影。

在这17名打磨工的带动下，该厂其余的打磨工也陆续自费前往广东省职业病防治院进行职业健康检查。经该院医师的初步诊断，前来就医的60余名打磨工人中，有33名疑似患职业性手臂振动病。截至2010年2月底，以上33名工人中已有26名工人被明确诊断为罹患职业性手臂振动病，其余7人在后续诊断中也被确认患病。

2009年12月19日，广东省及东莞市卫生局卫生监督人员前往该厂进行现场流行病学调查，同时要求厂方整改作业环境、将患有职业病的员工调离原工作岗位并协助他们进行治疗。广东省卫生厅2010年1月13日下发了《关于加强职业病防治工作的紧急通知》（粤卫明电〔2010〕6号），指出"事件反映出部分用人单位违反国家有关法律法规规定，履行职业病防治责任主体职责不落实、职业卫生防护措施不到位，漠视劳动者的身体健康和生命安全的情况依然突出"。2010年3月初，东莞市劳动部门、社保部门和厂方负责人三方共同召集了26名被确诊的打磨工，但并未告知他们职业病病人应享受的待遇及权利，使得这些患者不知如何维权。

但是事情并未结束，据《广州日报》的追踪报道，2010年3月至2011年4月，该厂的多名打磨工再次查出职业性手臂振动病，其中5人已拿到广东省职业病防治院所开具的诊断书；而之前诊断的33名职业病患者在经过3个月的治疗，获得了6万~8万元不等的赔偿后离开工厂。

（二）案例分析

（1）运用辩证思维认识并解决实际问题。物理因素是环境因素的一部分，大部分情况下各物理因素如声音、气温、湿度等都处在一个合适的范围中，人体只有在合适的物理因素条件下才能维持正常的生活，但当这些指标超出正常范围时，就可能对人体健康造成不利影响。正所谓物极必反，这正是唯物辩证思维的体现，任何事物及事物之间都存在矛盾性，正是这些矛盾的统一和斗争促进了事物的运动和发展。正确把握物理因素在职业环境当中的运用，可以使得职业人群健康得到进一步保障，物理因素所致疾病也会逐渐被人们所熟知，进而推动科研的进步。

（2）保卫职业健康，感悟爱国情怀。新时代，职业卫生逐步被纳入大卫生、大健康的范畴进行统一治理，党中央始终把人民健康放在优先发展的战略地位，作出"实施健康中国战略"的重大决策部署。职业健康是实施健康中国战略的一个重要战场，公共卫生力量应当在其中起到决定性力量，每一位公共卫生学子应当清楚未来我国推进人群健康这一目标及治理手段，更好地理解自身岗位工作的重要性。

（三）课堂讨论

振动病是由物理因素所致职业性疾病之一，即使振动病相关疾病已经被列入《职业病分类和目录》，但在实际情况中仍然存在诊断难、赔偿难的情况。教师可以在课堂上引导学生查阅文献。

相关思考题：

（1）长时间接触振动源会给机体造成什么健康损害？有什么方式可以预防振动病的发生？

（2）目前对于振动病的认定需要经过什么流程？该流程存

在什么缺陷?

二、不忘初心,一生为劳动者健康服务——顾学箕教授

(一)案例内容

顾学箕教授(1911—2007)作为我国职业卫生与毒理学的创始人之一,为我国劳动卫生事业的发展辛勤耕耘了将近60个年头。60年来,他献身职业卫生事业,致力于研究的同时也不忘教书育人,不仅科研成果丰硕,而且桃李满天下。

顾学箕在学生时期就立下了"为人群服务、为劳苦大众服务"的理念,立志一切从国家、集体和学科的利益出发,把公共卫生当作自己的终生事业。多年来,他默默奉献,不计较个人名利,甘当人梯。他把为自己设立的靳宝善基金贡献出来,专门奖励那些在工厂、矿山等基层从事职业人群卫生保健、初级卫生保健的年轻医生,这促进了第一线的职业卫生服务队伍发展壮大。

顾学箕先后在上海沪江大学理学院和国立上海医学院学习。抗日战争期间,他积极投身于基层医疗卫生工作,并取得显著的成绩。1946年,他被派送到美国哈佛大学公共卫生学院进修,1947年顾学箕在获得公共卫生硕士学位后回国,并于南京中央大学医学院任教。1948年,顾学箕到国立上海医学院任教,在职期间,他先后担任妇幼卫生和劳动卫生学教研室主任,卫生系副主任和代理主任,以及工农卫生系副主任、预防医学研究所副所长等。

新中国成立后,我国开始实行国家建设的第一个五年计划,社会建设重点放在了实现社会主义工业化,一场大规模的工业化

运动在全国轰轰烈烈地展开。这也带来了新的工业劳动人民的职业健康问题。为保护广大劳动者健康，上海第一医学院决定成立劳动卫生学教研室，并任命顾学箕为教研室主任，开展劳动卫生的研究、人才培养和服务工作。那时的中国劳动卫生，犹如一张白纸，没有任何的学科基础。顾学箕在接到创建劳动卫生学教研室任务时，是作为一名妇幼卫生的公共卫生医师及教师，没有任何劳动卫生的培养背景和知识。但面对国家的需要，怀着对公共卫生事业的责任感，为保护和促进广大劳动者健康，他不考虑个人得失，毅然决然承担起组建劳动卫生学科的重任，汲取国外的先进经验，结合我国现有卫生情况，创造了"服务—教学—科研"的模式并顺利应用，开创了职业卫生事业的新局面，成为新中国高校里较早建立劳动卫生学教研室的领头人之一。

劳动卫生学教研室成立之后，顾学箕带领教研室一众人员发现并解决了很多劳动卫生的工作问题。那个时候，上海市作为全国工业重镇，拥有两大重要的工业——纺织和炼钢。随着工业的迅猛发展，一系列的职业危害问题渐渐出现。顾学箕带着团队深入前线，到工人劳动环境中实地考察，他首先从纺织行业着手，研究纱厂女工的劳动卫生问题，之后又相继调查了电镀工人的鼻中隔损伤和皮肤溃疡问题。顾学箕还在实践中提出，高温作业工人尿液中氯化物的含量是判断高温作业工人危险警戒线水平的重要依据，为后续高温作业防护标准的制定打下了基础。不仅如此，顾学箕还多次深入高温作业现场，调查、估算高温作业工人的出汗量和需盐量，结合自身扎实的营养学知识，提出了合理补充含盐饮料以保持高温作业工人水、电解质平衡。这一理论方案简单易行且效果显著，在高温作业环境中得到了广泛的应用和推广，为这些高温作业工人职业性中暑的防治做出了重要贡献。

工业的发展离不开采矿，当时我国采矿业防护意识不足，采矿工人往往长时间暴露在大量粉尘中，从而造成了我国劳动卫生有史以来的主要问题——尘肺病。职业性尘肺病会对劳动者健康造成严重危害，不利于个人以及社会的发展。而针对危害最严重的矽肺防治问题，顾学箕提出了"矽肺可防但不可治愈"的观点，大力倡导开展矽肺的第一级预防工作，预防矽肺的观点在实践中不断得到验证，可以说顾学箕完成了防治尘肺病奠基性的工作，也为之后的工作指明了方向。另外，为培养矽肺防治的专业队伍，他于1959年联合上海第一医学院其他相关学科的一流专家举办了我国第一届"矽肺防治骨干师资培训班"，为我国尘肺病防治培养了大批骨干力量，对推动我国尘肺病防治工作起到了重要作用。1997年，国际劳工组织和世界卫生组织联合发起"全球消除矽肺规划"。在世界卫生组织总部的支持下，他积极促成"'97上海尘肺预防与控制策略研讨会"的成功举办。该次会议由世界卫生组织职业卫生合作中心和上海医科大学公共卫生学院等5家单位联合举办，为尘肺病防治做出了积极的贡献。

科学在不断发展，劳动卫生理论研究也应当不断创新。顾学箕教授在90岁高龄时仍不断吸收新知识、接受新理论，并应用先进的毒理学技术和成果以期解决新时代的职业卫生问题。针对人口老龄化的问题，顾学箕教授曾积极倡导要加强老龄职业人群这一特殊人群的卫生保健研究和宣传，使更多的老龄职工能够安度晚年。这与我国目前2030计划中所提到的人人享有卫生保健的想法不谋而合。顾学箕教授在其整个职业生涯中，一直致力于公共卫生事业，为促进人群健康不断奋斗。顾学箕教授事必躬亲，经常深入实地考察，为劳动卫生人群解决实际问题，建立研究基础；同时，他不忘创新，为我国未来职业卫生的发展提供优秀人才，值得公共卫生学子铭记。

（二）案例分析

继承爱国传统，弘扬民族精神。顾学箕在国外进修之后回国投身于我国劳动卫生建设事业当中,即使当时环境艰苦,学科背景处于一片空白,但他仍然不辞辛苦接下重任。这无一不体现了顾学箕教授的爱国情怀,他将我国公共卫生当作毕生的事业,穷尽一生为劳动人民服务。作为一名公共卫生学子,作为一名中华儿女,我们应当树立中国特色社会主义道路自信、理论自信、制度自信、文化自信,学习过硬的专业本领,学有所思,学有所长,为公共卫生事业添砖加瓦。

(三)课堂讨论

作为建立劳动卫生学教研室的领头人之一,顾学箕一直致力于促进公共卫生人群健康,先后在高温所致疾病和职业性尘肺病防治工作领域做出巨大贡献。在课堂上引导学生查阅文献。

相关思考题:

(1)在实际工作中应该如何防治中暑?

(2)我国当前职业性物理因素所造成的最严重职业危害是什么?该如何预防?

参考文献

[1] 金泰廙. 顾学箕教授 [J]. 上海预防医学,2020,32(1): 95.

[2] 傅华,金锡鹏,夏昭林,等. 不忘初心,一生为劳动者健康奋斗的顾学箕教授 [J]. 中国职业医学,2019,46(6): 777-779+782.

[3] 王簃兰,陆培廉,金泰廙,等. 怀念职业卫生的一代宗师——顾学箕教授 [J]. 职业卫生与应急救援,2007(3): 2.

(王 庆 谌晓玉)

第六章　职业性致癌因素与职业肿瘤

第一节　课程思政教学设计

一、案例教学适用范围

本案例适用于"职业卫生与职业医学""劳动卫生与职业病学"本科生和研究生课程中职业性致癌因素与职业肿瘤相关章节的教学。

二、课程教学目标

1. 知识目标

了解职业性致癌因素的识别方法；我国法定的 8 种职业性肿瘤诊断以及预防原则。

2. 能力目标

（1）联系实际，加强学生了解职业性致癌因素的危害。

（2）通过案例，启发学生思考如何诊断我国法定职业性肿瘤，并了解实际工作中职业病诊断面临的挑战。

（3）通过小组案例讨论，培养学生团队意识、协作精神、人际沟通技巧和交流能力。

3. 价值目标

（1）促进学生对基本知识的巩固和应用，培养学生的辩证思维和生物安全防护意识。

（2）通过案例教学，激发学生的创新精神，培养学生爱国情怀和社会责任感，掌握职业性有害因素导致职业肿瘤的防治知识，做好科普宣传。

三、教学方法

本章课程教学，适宜在已经成熟的教学模式中，以案例方式融入思政相关问题。授课时，可充分运用教师讲授、分组查找资料、小组展示等形式。教师提出讨论问题，将课程教学的知识目标、能力目标和价值目标融入案例讨论。

第二节　课程思政案例及分析

职业性肿瘤——苯致白血病诊断争议

（一）案例内容

A公司是一家港资企业，成立于1982年，主要生产马达，共有3个厂区，2015年，其员工总人数达2.2万人。2010—2014年，该企业共出现4例白血病患者，男性和女性各2例，发病年龄为30～49岁，工龄为2～16年。根据广东省3家职业卫生技术服务机构的职业病危害因素检测资料显示，2010—2015年，4例患者所在车间的空气中均未检出苯（或苯水平低于国家职业接触限值）。

2015年1月，疾病预防控制中心对这4例患者所在车间和工作中所接触的14种化学品成分进行检测，结果均未检出苯，492例同工种工人亦无类似发病者。4例患者均无放射性职业病危害因素接触史，其中3例分别从事产品检查、印字、浸锡和研发工作，工作中接触油墨、助焊剂和胶水等，因此，在2014—2015年被某职业病诊断机构诊断为"职业性肿瘤（苯所致白血病）"；另外1例患者，从事冲压作业，无职业性苯接触史，则"不能诊断为职业性肿瘤"。由于对诊断结果不服，该患者多次上访，甚至以跳楼相威胁。而企业对其中3例患者被诊断为职业病的结果亦不认同，迟迟未落实其职业病待遇，患者多次投诉上访。最后，企业除申请职业病鉴定和再次鉴定外，还提请了法律诉讼，将职业病诊断机构和鉴定机构提诉至人民法院。

B公司是1家台资企业，成立于1998年，主要生产高尔夫球杆头和球具。曾在该企业工作的3名员工先后被诊断为白血病，其中，患者甲，于2006年4月入职，2010年12月离职，2013年4月被临床诊断为白血病；患者乙，于2006年8月入职，2009年8月离职，2014年7月被临床诊断为白血病；患者丙，于2010年9月入职，一直工作至2015年3月被临床诊断为白血病。3例患者均为男性，发病年龄为26～36岁，工龄为3～5年。这3例患者均曾从事研磨回修和清洗工作，工作中接触苯、甲苯、二甲苯、粉尘、噪声并承受手传振动等。2009—2015年，该企业每年均委托职业卫生技术服务机构进行工作场所职业病危害因素检测，结果显示，苯、甲苯、二甲苯水平均未超过国家职业接触限值；其中，清洗岗位苯的时间加权平均浓度为0.02～0.20 mg/m^3。2015年9月，该3例患者均被某职业病诊断机构诊断为"职业性肿瘤（苯所致白血病）"。该企业对其中2例已离职2～5年才发病的工人被诊断为职业病不服，迟迟未落实其职业病待遇，患者多次投诉上访。最后，该企业除申请职业病鉴定和再次鉴定外，还通过外事部门发函给深圳市政府，质疑职业病诊断机构对该 2 例患者诊断的科学性和公正性问题[①]。

苯所致白血病的诊断标准属于强制性国家标准，随着经济和社会的发展，有关部门进行了相应修订，目前职业性噪声聋的诊断门槛有所降低，而职业性肿瘤的诊断门槛有所升高。GBZ 94—2002 职业性肿瘤诊断标准中对于"苯所致白血病"的诊断只规定了要有职业性苯接触史而未强调苯的接触水平，而 GBZ 94—2014 中则规定要"有明确的过量苯职业暴露史"。但为何在 A 公司未找到苯接触证据，B 公司工作场所空气中苯水平不超过国家职业接触限值的情况下，该 6 例患者均被诊断为职业病？关键在于《职业病防治法》（2011 年修订）第四十七条规定，"没有证据否定职业病危害因素与病人临床表现之间的必然联系的，应当诊断为职业病"。由于白血病的病因极为复杂，且企业较难否定患者有过量苯职业暴露史，即使每年均有安排定期的工作场所职业病危害因素检测，也无法排除其余非检测时段存在过量苯职业接触的可能。按照"疑罪从有"的思路，可给予诊断。

白血病是造血系统的恶性肿瘤，预后较差、病死率较高。1986—1988 年对全国 22 个省、自治区、直辖市共 46 个调查点白血病发病情况的调查结果显示，白血病的年发病率为 2.76/10 万，且近年白血病发病呈明显上升趋势，2009 年全国肿瘤登记地区白血病发病率为 5.68/10 万。白血病的临床诊断一般较易明确，但其病因往往难以确认。目前比较公认的引起白血病的病因主要有病毒、化学物质、放射性物质和遗传因素等。A 公司在此期间出现 4 例白血病患者，B 公司在此期间出现 3 例白血病患者。按照推算，其发病率亦超过我国近年白血病发病水平。

---

① 案例来自"职业病防治博士工作站"公众号。

（二）案例分析

（1）职业性肿瘤诊断无易事，加强理论和实战能力。近年来，因"职业性肿瘤（苯所致白血病）"诊断引起的争议和纠纷案件时有发生。这些案例中，有的无客观证据证明劳动者有职业性苯接触史，有的仅在劳动者工作场所中检测到极低水平的苯，而接触低水平苯能否引起白血病尚存在争议。对于慢性苯中毒的"阈剂量"问题亦待考证。依据《职业病防治法》（2011年修订）相关规定，职业病诊断机构以"没有证据否定职业病危害因素与病人临床表现之间的必然联系的，应当诊断为职业病"的原则作出诊断结论，引发用人单位的质疑和抵触，并频频出现劳资纠纷。因此，职业病诊断不容易，职业病相关工作对职业病医师的综合分析和实际应用能力要求很高。此外，职业病医师还必须具备职业病诊断鉴定的法律法规基础、丰富的预防医学知识、有毒有害作业场所的现场调查能力、对新发职业病的科学探索精神等，这些都要求学生要加强理论知识的学习和实战能力。

（2）职业道德。职业病诊断不仅对劳动者的诊疗、赔偿有重要影响，也对劳动者所在单位有重要的反馈意义。诊断时要全面、综合、科学地分析，秉承公平、公正的原则，做出切合实际的诊断，职业病医师必须具有高度的职业道德。这就要求我们着重培养学生的法治思维与职业素养，在未来开展职业病诊断工作过程中能够积极遵循便民、及时、公正、公平与科学的原则，通过法律对自身职业行为进行规范。

（三）课堂讨论

你觉得职业病诊断难的痛点在于哪里？有什么好的解决办法？

参考文献

［1］林炳杰. 苯所致白血病诊断争议问题探讨［J］. 中国职业医学，2019，46（4）：477.

［2］朱志良. 苯致白血病诊断争议问题探讨［EB/OL］. https：//mp. weixin. qq. com/s/gLif2joiLOQ9dZX1veR2Sg.

（陈丽萍）

第七章 生物性有害因素所致职业性损害

第一节 课程思政教学设计

一、案例教学适用范围

本案例适用于"职业卫生与职业医学""劳动卫生与职业病学""传染病"等本科生和研究生课程中的生物性有害因素相关章节的教学。

二、课程教学目标

1. 知识目标

熟悉生物性有害因素（炭疽杆菌、布鲁杆菌和森林脑炎病毒）引起的三种法定职业病的临床表现及其预防原则。

2. 能力目标

（1）联系实际加强学生了解生物性有害因素职业接触的危害。

（2）通过小组案例讨论，培养学生团队意识、协作精神、人际沟通技巧和交流能力。

3. 价值目标

（1）促进学生对基本知识的巩固和应用，培养学生的辩证思维和生物安全防护意识。

（2）通过案例教学，激发学生的创新精神，培养学生爱国情怀和社会责任感，掌握几种生物性有害因素导致职业病的防治知识，做好科普宣传。

三、教学方法

本章课程教学适宜在已经成熟的教学模式中以案例方式融入思政相关问题。授课时，可充分运用教师讲授、分组查找资料、小组展示等形式。教师提出讨论问题，将课程教学的知识目标、能力目标和价值目标融入案例讨论。

第二节　课程思政案例及分析

布鲁氏杆菌病发病率呈上升趋势，人们忽略了什么？

（一）案例内容

2011年9月3日，东北某大学28名师生因开展"羊活体解剖学实验"而染上布鲁氏杆菌病（简称"布氏病"），其中包括27名学生和1名老师，感染者被送到黑龙江省农垦总局总医院治疗。据调查，该校在组织学生开展实验教学的过程中，相关工作人员没有严格遵守实验操作规程，导致27名学生在实验过程中感染布鲁氏杆菌病。事后，有的同学回忆："用来做实验、被染病的羊那天被几个班级的学生重复使用，他们解剖时，羊的子宫里还有上一个班级同学留下的纱布。"还有的同学说："以前做实验，准备工作没有那么严格，像戴手套啊什么的就没有戴，消毒什么的都没有。"经查实，造成事故的主要原因包括：①相关教师未要求卖方出具相关检疫合格证明；②实验前相关教师未对实验山羊进行现场检疫；③相关教师未能严格要求学生遵守操作规程，进行有效防护等。根据《中华人民共和国侵权责任法》，该大学因过错导致他人人身损害，应对该后果承担损害赔偿的法律责任。

2019年12月，兰州市疾病预防控制中心对兰州某高校兽医研究所的317名师生开展布鲁氏杆菌检测。检测结果显示，96人血清阳性。据调查，该高校从兽研所购买的实验小鼠、兔子等未进行检疫、净化。师生在进行实验时，仅戴了手套而未佩戴口罩，不符合《实验室生物安全通用要求》。

我国布氏病权威专家吴清民教授解释了布鲁氏杆菌传染的主要途径。他说："如果徒手去做的话，看着这个手臂上没有任何的伤口，但是它有微细的这种伤口的时候，细菌是可以侵入的。第二种途径是它在打开的时候，有可能会形成气溶胶，这个气溶胶是可以传播的，通过口腔眼结膜可以感染。另外，如果我们做完实验没有及时把手消毒、清洗干净，再吃东西，也容易出现感染，最主要的是通过眼结膜、鼻腔黏膜和口腔来感染，另外，它也可以通过皮肤感染。"

布氏病对人体的健康损害较严重，急性期发病有发热、出汗、肌肉关节疼痛等临床表现，患者及时就医治疗效果良好；如果没有及时医治会转为慢性期，反复发作，患者甚至还会丧失生育能力。上述东北某大学的一名男生，身高1.82米，原来是学校篮球队成员，他说："得了布氏病后身体各个关节都疼，体力比以前明显差了很多，一盆水端一会儿就觉得胳膊非常酸。打球打十分钟左右，腿抖个不停。"

（二）案例分析

高校实验室生物安全不容忽视：

这个案例反映出一些高校实验室生物安全方面的管理漏洞和人们防范意识薄弱。生物类实验室具有潜在的危险性和复杂性的特点，2017年，教育部联合公安部实施一系列的措施，对加强高校教学实验室安全工作提出要求，强调高校实验室必须高度重视实验室的安全，严格遵守实验室安全法规，确保实验室安全。实践教学，是培养学生的重要环节，应该遵守实验室安全教育。如果学生的安全意识淡薄，就会导致各种生物安全问题的出现。因此，教育应突出"以人为本、预防为主、安全第一"的实验室安全思想。在开展动物实验前，对进入实验室的学生进行系统规范的生物安全培训，学习相关操作规程和法规，牢固树立生物安全和防护意识，熟悉实验室生物安全操作规程，积极做好各种生物安全防护措施。布氏病离每个人都不远，要提高防范意识，并对亲朋好友进行安全教育，充分利用掌握的知识服务社会。

（三）课堂讨论

在日常生活和学习中，怎么防止布氏病或其他动物传染病？怎么开展有关职业性炭疽病防治的宣传？

参考文献

[1] 周颖越，曹剑敏，邱伟强，等. 实验室安全管理课程与课程思政建设的探索 [J]. 教育教学论坛，2020（40）：381-382.

[2] 王新，张强，张春玲，等. 动物实验在食品专业教学

与科研中的生物危害与防护 [J]. 现代食品, 2020 (18): 105-110.

（陈丽萍）

第八章 职业性伤害

第一节 课程思政教学设计

一、案例教学适用范围

本案例适用于"职业卫生与职业医学""劳动卫生与职业病学""预防医学"本科生和研究生课程中的职业性伤害相关章节的教学。

二、课程教学目标

1. 知识目标
（1）掌握职业安全与职业伤害的定义；了解职业伤害事故的范围与分类。

（2）熟悉职业伤害发生的危险因素；职业伤害的研究现状、预防对策及措施。

（3）了解职业安全的意义和任务；常见职业伤害事故类型及其主要原因；职业伤害分布特征；职业伤害流行病学研究的基本方法；职业伤害的调查处理程序；职业安全事故预防策略。

2. 能力目标

（1）深刻理解职业性伤害与职业病认定的原则并能正确运用。

（2）具备工伤认定的基本能力，能将理论与实践相结合。

（3）具备现场调查和处置职业伤害的基本能力。

3. 价值目标

（1）引导学生理解导致伤亡事故的各种原因及与事故间的关系，培养学生的社会责任感，利用掌握的科学原理服务于职业安全。

（2）培养学生求真务实的科学精神。

（3）激发学生的学习热情，培养学生的法治精神，提升学生的职业素养。

三、教学方法

本章课程教学可以采用教师讲授、小组案例讨论、教师示范操作、现场参观讲解和实验室操作等教学方法；也可采用翻转课堂教学法，将课程教学的知识目标和价值目标融入案例讨论，提高学生学习的积极性和主动性。

第二节　课程思政案例及分析

一、"3·21"响水化工厂爆炸事故

（一）案例内容

2019年3月21日14时48分，江苏省盐城市响水县陈家港化工园区内某化工有限公司旧固废库内贮存的硝化废料持续积热升温导致自燃，燃烧引发硝化废料爆炸。爆炸园区位于陈家港化工园区，在镇区以西2公里处，占地面积10.05平方公里，设有化工生产区、生活服务区、污水处理区、化工危险品存放区四大功能区。爆炸事故不仅波及园区企业，还导致化工园区周边居民房屋、学校校舍受损。事故共导致78人死亡，76人重伤，640人住院治疗。事故发生后，各有关部门立即展开了事故处置工作，包括紧急救援、政府协调、伤员救治、环境监测、现场调查、身份确认、事故善后、保险理赔和环境处置等。

（二）案例分析

1. 人的不安全行为、物的不安全状态是事故的直接原因，应培养人们爱岗敬业精神和强烈的社会责任感

2007年4月5日，该化工有限公司在响水县市场监督管理局登记成立，主要从事表面活性剂、感光材料、液晶材料、新型功能材料、环氧树脂固化剂和石油添加剂的生产和销售，经营范围包括间羟基苯甲酸、苯甲醚、对叔丁基氯苯、氯代叔丁烷等。从2015年起，该公司多次被处罚。先是原法定代表人张勤岳因

为违反国家规定，非法处置危险废物 100 多吨，严重污染环境，被判犯污染环境罪，处有期徒刑一年六个月和 30 万元罚金，公司一同被罚人民币 200 万元。2016—2018 年，该公司更是被盐城市环保局、响水县环保局因为环保问题处罚 7 次，再罚款 179 万元。2018 年 2 月 8 日，国家安全监管总局办公厅曾发布《国家安全监管总局办公厅关于督促整改安全隐患问题的函》。其中在有关安全隐患问题清单中，江苏天嘉宜化工有限公司有 13 项生产规范和安全问题，包括：

（1）主要负责人未经安全知识和管理能力考核合格。

（2）仪表特殊作业人员仅有 1 人取证，无法满足安全生产工作实际需要。

（3）生产装置操作规程不完善，缺少苯罐区操作规程和工艺技术指标；无巡回检查制度，对巡检没有具体要求。

（4）硝化装置设置联锁后未及时修订、变更操作规程。

（5）部分二硝化釜的 DCS 和 SIS 压力变送器共用一个压力取压点。

（6）构成二级重大危险源的苯罐区、甲醇罐区未设置罐根部紧急切断阀。

（7）部分二硝化釜补充氢管线切断阀走副线，联锁未投用。

（8）机柜间和监控室违规设置在硝化厂房内。

（9）部分岗位安全生产责任制与公司实际生产情况不匹配，如供应科没有对采购产品安全质量提出要求。

（10）现场管理差，跑冒滴漏较多；现场安全警示标识不足，部分安全警示标识模糊不清，现场无风向标。

（11）动火作业管理不规范，如部分安全措施无确认人，可燃气体分析结果填写"不存在、无可燃气体"等。

（12）苯、甲醇装卸现场无防泄漏应急处置措施、充装点距离泵区近，现场洗眼器损坏且无水。

（13）现场询问的操作员工不清楚装置可燃气体报警设置情况和报警后的应急处置措施，硝化车间可燃气体报警仪无现场光报警功能。

1941年，美国工程师海因里希统计了55万件机械事故，得出一个重要结论，即在机械事故中，死亡或重伤、轻伤或故障以及无伤害事故的比例为1∶29∶300。国际上，把这一法则叫"事故法则"。这个法则说明，在机械生产过程中，每发生330起意外事件，有300件未产生人员伤害，29件造成人员轻伤，1件是重伤或死亡。这一事例说明，重伤和死亡事故虽有偶然性，但是不安全因素或动作在事故发生之前已暴露过许多次，如果在事故发生之前，每个人都能认真负责，具有强烈的社会责任感和主人翁精神，抓住时机，及时消除不安全因素，许多重大伤亡事故是完全可以避免的。响水化工厂爆炸事件再次证明了伤亡事故的发生不是一个孤立的事件，尽管伤害可能在某瞬间突然发生，但却是一系列事件相继发生的结果。

2. 求真务实的科学精神

案例发生前所开展的现场调查，为伤害发生的原因确定及为避免再次发生制订科学防控措施提供了有力依据。职业伤害流行病学通过描述职业伤害的发生强度及其分布特征，分析其流行规律、发生原因和危险因素，提出职业伤害的干预对策和应对措施。职业性事故的流行病学调查包括：根据事故调查目的制订调查计划→收集有关事故的详细资料→取证、检验、验证和分析→深入分析和评价，做出结论，完成事故报告和事故通报→提出整改建议。

该案例中对处置流程、调查过程及后续处理的讲解，有助于培养学生求真务实的科学精神。

(三）课堂讨论

选择一个工作场所，对一项特定的任务描述工作系统中与健康、安全相关的要素，包括环境、工具/设备/设施、人、物、工作方法以及组织因素。针对你认为对事故预防是重要的两个或者更多因素，描述其相互作用过程。

二、副教授公交车上猝死，工伤认定被否

（一）案例内容

2017年3月8日6时40分左右，广东某高校教师刘老师出门，7点20分左右在公交车上突然在座位上晕倒，车上乘客通知司机，司机立即拨打120和110，其间对刘老师采取简单的急救措施。7点35分左右，120急救人员赶到现场，证实刘老师已死亡，警方确认死亡原因为猝死。

刘老师生前任职于广东某高校金融系财政教研室主任、副教授，承担教研室管理和教学工作。6月7日，刘老师的家属向广州市天河区人力资源和社会保障局（简称"人社局"）申请工伤认定。8月7日，天河区人社局作出《工伤认定决定书》，认定刘老师死亡的情形不符合《工伤保险条例》第十四条、第十五条可以认定为工伤或视同工伤的情形，不予认定为工伤。刘老师的家属不服该认定，将天河区人社局诉上法庭，请求判令其依法撤销上述《工伤认定决定书》，并依法重新作出工伤认定决定。理由：事发前一天加班到20时；当晚批改论文到凌晨2时；最后一条未发微信为"我先去医院辅导论文的事回校后处理"。人社局答辩称：原告所述刘老师在家吃完早饭后去上班没有其他证据佐证，刘老师当天所乘的公交车线路并不停靠该校及附近站

点，其乘坐该路公交车并不是其上班的合理路线。此外，本案也未有证据显示，刘老师乘坐公交车时有处理与工作有关的事宜。法院审理后，依法不予认定为工伤。

(二) 案例分析

依法治国是党领导人民、治理国家的基本方略，法治是治国理政的基本方式。

本案例主要涉及工伤认定，即对伤害的发生是否归因于职业原因进行判断。我国2010年修订的《工伤保险条例》第三章工伤认定中，第十四条规定，职工有下列情形之一的，应当认定为工伤：(一) 在工作时间和工作场所内，因工作原因受到事故伤害的；(二) 工作时间前后在工作场所内，从事与工作有关的预备性或者收尾性工作受到事故伤害的；(三) 在工作时间和工作场所内，因履行工作职责受到暴力等意外伤害的；(四) 患职业病的；(五) 因工外出期间，由于工作原因受到伤害或者发生事故下落不明的；(六) 在上下班途中，受到非本人主要责任的交通事故或者城市轨道交通、客运轮渡、火车事故伤害的；(七) 法律、行政法规规定应当认定为工伤的其他情形。第十五条规定，职工有下列情形之一的，视同工伤：(一) 在工作时间和工作岗位，突发疾病死亡或者在48小时之内经抢救无效死亡的；(二) 在抢险救灾等维护国家利益、公共利益活动中受到伤害的；(三) 职工原在军队服役，因战、因公负伤致残，已取得革命伤残军人证，到用人单位后旧伤复发的。

本案例中，法院最终未认定为工伤。主要是基于：无证据佐证刘老师猝死是在上班途中或处理与工作有关事宜时发生，不属于在工作时间和工作岗位猝死的情形。

通过本案例的讨论和互动交流，激发学生的学习热情，将理论与实践相结合，培养学生的法治精神和社会责任感，提升学生的职业素养。

（三）课堂讨论

7月26日晚8时左右，东莞常平一家电器公司打包工陈某，在加班期间突感身体不适，向主管请假后自行回到公司宿舍休息。一个半小时后，工友下班回到宿舍，发现陈某躺在床上昏迷不醒，呼之不应，随即拨打120急救电话，由120救护车将其送往医院进行抢救。陈某送医后被诊断为热射病，血液温度高达42℃。至7月29日凌晨，陈某经抢救无效死亡。

在此案例中，陈某猝死是否属于职业伤害？如果是，又是哪一类职业伤害？

参考文献

［1］江苏响水天嘉宜化工有限公司"3·21"特别重大爆炸事故调查报告公布［EB/OL］. http://www.gov.cn/xinwen/2019-11/15/content_5452468.htm.

［2］国家安全监管总局办公厅关于督促整改安全隐患问题的函－安监总厅管三函〔2018〕27号［EB/OL］. https://www.mem.gov.cn/gk/tzgg/h/201802/t20180208_230476.shtml.

［3］大学副教授坐公交时猝死，应不应该认定为工伤？［EB/OL］. https://www.sohu.com/a/232552731_119778.

（肖勇梅　陈青飞）

第九章 职业性有害因素的识别与评价

第一节 课程思政教学设计

一、案例教学适用范围

本案例适用于"职业卫生与职业医学""劳动卫生与职业病学"等本科生和研究生课程中,职业性有害因素的识别与评价章节的教学。

二、课程教学目标

1. 知识目标

(1) 掌握职业有害因素的识别、职业环境监测、生物监测。

(2) 熟悉建设项目职业有害因素的评价。

(3) 了解职业病危害控制效果评价。

2. 能力目标

(1) 通过本章节学习,掌握工作场所中有害因素的识别方法、环境监测技术。

(2) 通过本章节学习,理解建设项目的有害因素评价流程。

3. 价值目标

培养学生利用事物内部或事物之间的规律性、相似性、相关性、系统性等基本特点，利用事物运动和变化中的惯性，认识事物之间联系的必然性，发现事物性质、运动变化规律之间的相似性，明确事物发展过程中各因素之间存在的依存关系和因果关系，学会采用系统分析法进行职业性有害因素的识别。

三、教学方法

本章课程教学采用理论讲授的方法，通过教师讲授提问、学生思考讨论等方式来完成教学知识目标、能力目标和价值目标。通过课程讲授，结合实际的职业环境有害物质识别、检测、评价案例分析，引导学生掌握职业卫生评价的基本原则和方法。

第二节 课程思政案例及分析

新时代职业病防治的工作重点——新旧并重

（一）案例内容

健康是促进人的全面发展的必然要求，是经济社会发展的基础条件，更是民族昌盛和国家富强的重要标志。《"健康中国2030"规划纲要》提出，要"把健康融入所有政策"，全方位、全周期地保障人民健康。这对新时代的职业人群健康工作提出了更高要求。

由于职业从事人员在日常工作环境中可能会接触到不同的有害因素,在长期接触的情况下则可能导致相关疾病的发生。因此,正确识别职业有害因素并合理评价是职业健康工作开展的前提。

目前,我国职业病防治工作已取得一定成绩,整体步入法制轨道,新发职业病病例数近年来持续降低,但就总体病例数来看,我国职业病患病数仍然处于历史高位。

随着各行各业快速发展,新生化合物层出不穷,我国职业卫生工作表现为旧患与新疾共存。粉尘、化学毒物等传统有害因素危害仍然严峻,职业性尘肺病和职业性化学中毒仍然是新发职业病的主要类型。同时,随着新工艺、新材料的出现,"新兴"职业病逐渐走进人们的视野:由物理因素所导致的职业病报告病例数明显增加,职业性噪声聋已成为我国新发病例数第二位的职业病;大量现代企业工作人员由于长时间固定体位导致相关骨骼肌肉疾患,因工作压力大、制度不合理而造成的职业紧张问题也日益增多等。

下面以《中山日报》对职业病防治工作的报道为例,对广东及中山市目前职业有害因素分布情况进行说明。

中山市疾病预防控制中心职业病防治所表示,广东省目前职业病患病情况具有病种集中的特点,"十三五"期间职业性噪声聋新发病例占总新发病例的45%,尘肺病占28%,而化学中毒占15%。

而中山市的职业病发病以职业性噪声聋为主,工业噪声来源为机械性噪声、流体动力性噪声、电磁性噪声等。防止噪声危害的措施包括控制和消除噪声源、合理规划和设计厂区与厂房、控制噪声传播和反射的技术措施;做好职业个体防护,常用的个体防护用具为耳塞、耳罩。用人单位要定期对接触噪声的工人进行职业健康检查,特别是听力检查,观察其听力变化情况,以便早期发现听力损伤，及时采取有效的防护措施。

近几年，中山的职业性尘肺病病例得到明显控制，且以输入性病例为主。这是由于早在2011年中山市就已经关闭了该市的所有采石场，这一举措从源头上减少了粉尘等有害因素的暴露。

对于职业病危害因素，防治工作应该坚持预防为主、防治结合的方针，建立用人单位负责、行政机关监管、行业自律、职工参与和社会监督的机制，实行分类管理、综合治理。《职业病防治法》（2018年修订）第六条规定，用人单位的主要负责人对本单位的职业病防治工作全面负责。用人单位应当为劳动者创造符合国家职业卫生标准和卫生要求的工作环境和条件，并采取措施保障劳动者获得职业卫生保护。用人单位应当建立、健全职业病防治责任制，加强对职业病防治的管理，提高职业病防治水平。劳动者了解工作场所产生或者可能产生的职业病危害因素、危害后果和应当采取的职业病防护措施，要求用人单位提供符合防治职业病要求的职业病防护设施和个人使用的职业病防护用品，改善工作条件。劳动者有权拒绝违章指挥和强令进行没有职业病防护措施的作业，参与用人单位职业卫生工作的民主管理，对职业病防治工作提出意见和建议。据介绍，中山市疾病预防控制中心是中山唯一的职业病诊断机构，现在有职业性尘肺病、职业性化学中毒（备案42种）、职业性噪声聋诊断资质。该机构的具体工作包括重点职业病监测工作、工作场所职业病危害因素监测工作等。该机构主要充分发挥公益性职业病防治技术支撑的作用，构建更完善的职业病防治网络。

职业病防治工作要求新旧并重，随着我国工业化的不断深入，产业结构的不断升级调整，不良作业姿势或劳动行为等导致的工作相关肌肉骨骼疾病、视屏作业所致的视疲劳、职业紧张及新兴行业领域特殊作业形态带来的健康问题逐步显现，部分问题已经严重影响到劳动者的健康状况和职业生命质量，是法定职业病调整范围外的职业健康工作不容回避的问题。《"健康中国2030"规划纲要》指出,要"促进心理健康""加大对重点人群心理问题早期发现和及时干预力度"。显然,积极应对法定职业病目录范围外的职业健康问题,不仅是职业健康形势发展的需要,也是健康中国建设的重要要求。

基于我国国情,在借鉴国际经验的基础上,《国家职业病防治规划(2021—2025年)》(以下简称《规划》)提出:一方面,要强化对粉尘、化学毒物、噪声、电离辐射等传统职业病危害的源头防控,沿用我国特有的"防、治、管、教、建"五字策略,强调职业病防治全流程管理,坚持联防联控,实施综合防控;另一方面,要开展工作相关疾病预防,提升防控水平,做到对职业病与工作相关疾病"双重"预防控制,实现职业人群健康保护全覆盖。随着我国经济的快速发展和社会保障能力的不断提高,职业卫生服务机构和管理部门将更加关注并积极参与国际社会关于全球职业健康治理的倡议和决议。

(二)案例分析

(1)挑战与机遇并存,坚持以新理念引领新常态。我国正处于并将长期处于社会主义初级阶段,现有的职业卫生工作还不能很好地满足人民日益增长的美好生活的需要,部分职业病仍然是危害劳动者健康的重大公共卫生问题。我国的职业健康工作正面临着过去未去、未来已来的"双重压力",既有发展中国家面临的卫生与健康问题,又有发达国家面临的职业健康问题。这带来了更加复杂的职业卫生工作挑战。

(2)以人为本,强调全民健康。我国的职业病防治已经取得显著进步。《职业病防治法》的不断完善与《"健康中国2030"规划纲要》的提出,体现出我国职业病防治工作仍处于不断完善的阶段。健康中国战略关乎每一个人,习近平总书记在

2016年8月的全国卫生与健康大会上强调:"没有全民健康,就没有全面小康","树立大卫生、大健康的观念,把以治病为中心转变为以人民健康为中心"。劳动者对职业健康的期望越来越强烈,职业健康也已由传统的以职业病防治为中心,转向以职业人群全人群、全周期的全面职业健康管理为中心。

(三)课堂讨论

近年来,随着职业病防治工作的推进,我国在多方面取得显著进步。可以在课堂上引导学生查阅文献,探讨实际中对于职业有害因素,是如何进行识别与评价工作的。

相关思考题:

(1)对于职业有害因素中的物理因素,常见的检测技术有哪些?了解其评价标准。

(2)对于具有相同化学结构的一类物质例如苯系物,它所造成的毒性作用是否具有什么共同点?其毒性作用还可能与什么因素有关?

参考文献

[1] 叶研,孙立庚,胡丽,等. 我国职业卫生工作现状及思考[J]. 职业与健康,2022,38(16):2282-2286.

[2] 周映夏,欧慧慧. 噪声聋成中山主要职业病[N]. 中山日报,2022-04-27(008).

[3] 潘文娜,梁永锡,刘浩中,等. 2017年中山市接触重点职业病危害因素劳动者职业健康现状分析[J]. 职业卫生与应急救援. 2020,38(1):51-55.

(王 庆 谌晓玉)

第十章 职业性有害因素的预防与控制

第一节 课程思政教学设计

一、案例教学适用范围

本案例适用于"职业卫生与职业医学""劳动卫生与职业病学"等本科生和研究生课程中职业性有害因素的预防与控制章节的教学。

二、课程教学目标

1. 知识目标

（1）掌握职业卫生标准及应用；职业卫生服务定义和内容；职业健康监护的概念；职业健康的医学监护（上岗、在岗、离岗和应急健康检查、筛检）。

（2）熟悉职业卫生工程技术（通风、除尘、空气调节与净化、采光与照明）；个人防护用品。

（3）了解职业卫生与职业安全的监督与管理、职业健康监护信息管理；职业从事者工伤与职业病致残程度鉴定；早期职业损害的发现与干预、工作场所健康促进。

2. 能力目标

（1）通过本章节学习，使学生掌握各类卫生标准或基准制定的方法和流程。

（2）通过本章节学习，使学生理解职业卫生与职业安全的监督与管理的实际工作规范。

3. 价值目标

通过理论教学，介绍我国职业卫生法规与标准的体系及其制定、颁布、实施和修订完善的整个过程，培养学生的职业素养和法制思维意识以及高尚的道德情操。

三、教学方法

本章课程教学采用理论讲授的方法，利用教师讲授提问、学生思考讨论等方式来完成教学知识目标、能力目标和价值目标。通过课程讲授，结合本学期开设的"卫生监督与卫生法规"课程中职业病防治法相关内容，引导学生复习如何采用法律法规进行职业卫生的管理。采用各种方式，使学生直观地了解职业卫生工程控制技术和个人防护用品的种类与使用原则。以案例介绍职业健康监护，提高学生对理论知识的理解和认知。

第二节 课程思政案例及分析

一、从《职业病防治法》的制定、实施和完善过程看我国职业病防治工作成就

（一）案例内容

1. 卫生标准的制定

《职业病防治法》的制定需要考虑诸多因素：如何对职业危害因素进行控制？如何制定卫生标准、科学控制危害？等等。但在新中国成立之初，我国在卫生标准研究方面还是一片空白，场所需要满足什么样的标准？如何作业才能符合安全卫生要求？这些问题都亟待解决。为了保障劳动者健康和加强工业化经济建设，各医学院校、科研单位和医疗卫生专业人员深入工矿企业生产一线、深入工人群众参加生产劳动，与广大工程技术人员密切合作，开展卫生学调查，检查工人健康状况，组织科研大协作，用实践来填补理论上的空缺。

不仅如此，我国研究人员还在学习苏俄经验的基础上，立足于我国生产实际和防病需要，对我国的特殊职业环境进行分析，在短期内起草了《工业企业设计暂行卫生标准》，并于1956年经国家建设委员会、卫生部批准发布。这一卫生标准规定了生产作业场所空气中主要有毒有害物质如粉尘、工业毒物等的最高容许浓度，同时对工业企业的选址、工厂布局、工作场所气象条件、给排水、通风取暖、生活用房以及卫生设施等进行了规范。

1962年，国家正式公布《工业企业设计卫生标准》。该标准之后经数次修订、增补，并逐渐成为我国社会主义建设时期各级政府审批工业企业、开展危害监测与治理、进行劳动卫生评价和加强监督管理的重要技术法规依据，也为国家以后的卫生标准科学研究、建立国家卫生标准体系、加强标准实施监督管理等探索了路径和方法。随着学科发展、研究深入和生产建设需要，卫生标准的重要性愈加凸显。

1981年，卫生部联合有关部门成立了全国卫生标准技术委员会，并加强了相关标准研制规划、研发投入和修订管理的工作。2001年，《职业病防治法》审议通过，标准名称被统一为"职业卫生国家标准"。现行职业卫生国家标准分9大类，包括强制性和推荐性标准共700余项。

《职业病防治法》于2002年5月1日正式开始实施，到2022年已经颁布实施20周年，其间经历过四次修订。

2. 职业健康监护和职业病诊断管理体系的建立

1957年，卫生部制定《职业病范围和职业病患者处理办法的规定》，首次将生产劳动中最常见、致病原因明确的14种疾病列入法定职业病名单。之后，卫生部陆续制定了《职业病诊断与鉴定管理办法》等一系列法定职业病的诊断标准。

这一系列标准规定，对于确诊为职业病的患者，将按照国家工伤鉴定评定伤残等级并落实免费医疗、康复疗养和家庭生活帮助等法定待遇，极大地维护了职业病患者的权益。

为了早期发现、早期诊断和及时治疗职业病患者，国家建立职业健康检查和监护制度，对从事有毒有害作业的劳动者系统开展上岗前、在岗中的定期医学检查和跟踪管理工作。上述制度框架的不断完善，形成了后来我国职业人群健康监护和职业病诊断鉴定管理的基本模式。随着工农业生产的发展、经济能力的增强和对疾病认识水平的提高，国家及时对法定职业病目录进行修订，不断增补和扩大病种覆盖和保护范围。1987年，卫生部、劳动人事部、财政部、中华全国总工会共同发布新修订的《职业病范围和职业病患者处理办法的规定》，将职业病名单扩大至9大类99种。截至2013年，我国最新公布的法定职业病目录已扩大为10大类132种，其中还包括四个开放性条款。

3. 开展全国职业危害普查，实施针对性防控

为全面摸清职业危害情况，制定防治规划以及职业病防治效果，自20世纪50年代到60年代前期以及70年代中后期，国家不定期开展大规模的全国职业病普查，先后组织开展了18个省市高温作业工人健康调查、青藏高原作业生理反应和高山病（高原病）防治调查、两次全国矽肺普查，一共覆盖接尘工人300余万人，以及对接触5种工业毒物（铅、苯、汞、有机磷农药和三硝基甲苯）的近100万名工人进行健康普查等。

在我国社会主义建设时期，各级党委政府和有关部门与大中型工矿企业通过实践探索和不懈努力，总结出一整套行之有效的粉尘危害综合防治策略措施——八字方针。"八字"分别是：革（技术革新）、水（湿式作业）、密（密闭隔离）、风（改善通风）、护（个人防护）、管（加强管理）、教（宣传教育）、查（检查评比）。高度概括的"八字"，简单通俗、易于宣传动员，充分体现了依靠科技与加强管理并重，控制危害源头与严格日常防护并行，通过专业技术与群众运动相结合，有效推进了全国尘毒治理工作。不少大中型国有工矿企业的作业场所率先达到了国家卫生标准，遏制了尘肺病高发势头。例如：江西省下垄钨矿和西华山钨矿坚持综合防治，控制作业点粉尘浓度低于国家标准限值，截至20世纪60年代中期已20多年没有发生新的尘肺病例；湖南瑶岗仙有色金属矿1956年的尘肺患者检出率为25.8%，到1983年已降至1.61%。据20世纪80年代的统计，防尘工作开展得好的国有金属矿山，工人患尘肺病的危险性已降低至20年前同一工种的十分之一到二十分之一，发病年龄比 20 年前推迟了 10 年，患者寿命也比 20 年前延长了 10 到 15 年。

4.《职业病防治法》的修订和完善

法律的生命，在于实施。立法难，实施更难。任何一项法律制度，都必须在实施中经受检验并不断完善。《职业病防治法》颁布 20 年来，先后经历 4 次修订。在法律实施过程中，及时对有关条款进行修订完善，说明我国对保护劳动者健康的高度重视，是建设社会主义法治国家决策在卫生健康领域的具体体现。

《职业病防治法》的四次修改工作中，除了两次涉及监管部门职能调整外，其余两次主要是为了能更好地保护劳动者健康和权益，更好地强化政府服务职能，以便职业病患者及时获得救助和保障，其主要改变有：降低门槛、简化程序，方便了劳动者和职业病患者申请诊断鉴定；取消了不必要的审批环节；强化了政府事中事后监管；提供社会服务等方面的规定等。

（二）案例分析

（1）科学立法，严格执法。职业健康工作的开展，离不开《职业病防治法》。而这部法律从制定、颁布、实施并不断修订，凝聚了数代人的心血和汗水。了解这一过程，有助于培养预防医学专业学生的职业素养、法制思维意识、道德情操，在以后的工作中进行职业病诊断和鉴定时，严格遵循"科学、公平、公正、及时和便民"的原则。

（2）求真务实，开拓创新。在《职业病防治法》制定过程中，研究人员深入实地调查，开展全国普查收集数据。该法在实施中，又经不断调整。这启示学生们在学习工作中，要脚踏实地，任何法规的制定都需在掌握真实情况的基础上提出解决方案，并在后续的实际运用中根据所遇到的问题进行及时调整解决。

(三) 课堂讨论

为了更好地保障职业工作者的利益,《职业病防治法》从制定到实施历经了几十个春秋,也经历了不断的修订和完善。在授课时,可以引导学生查阅文献,探讨在职业卫生管理工作中职业病防治机构的职能变化或新兴危害因素的出现。

(1) 在未来的职业卫生管理体系中,职业病防治机构和政府可能扮演什么样的角色?

(2) 如果要对新兴危害因素进行相关立法工作,应该开展哪些工作?掌握哪些信息?

二、河北省高碑店苯中毒事件

(一) 案例内容

河北省高碑店市箱包产业始于1978年,至2002年已形成以白沟镇为中心,带动周边乡镇的全国最大的箱包集散地,全市共有各类箱包加工企业和加工户2099户,从事箱包加工的农民工14000余人。2012年年初,河北省高碑店市一些乡镇发生了群体性外地农民工苯中毒的事件,这件事情很快引起了监管部门的注意。2012年3月28日,由劳动保障部、国务院办公厅、公安部、卫生部等9个部门组成的国务院调查工作组前赴河北省高碑店市,同河北省人民政府对农民工苯中毒事件进行调查。经卫生部多次组织专家诊断鉴定,共发现25名苯中毒人员,其中因苯中毒死亡5人,而中毒原因是高碑店大量作坊工厂都使用苯类物质作为黏合剂或者装修材料,一些作业场所有毒气体浓度高,作业人员未配备个人职业病防护用品,有的作业人员甚至吃、住、工作在同一房间,工人们长期接触这些有毒材料,才造成如此严重的中毒事件。

在调查过程中，工作组还对发生苯中毒的作业场所进行生产现场模拟试验，共采集作业场所空气样品16个，检验结果表明：16个样品中，有10个样品苯浓度超过国家卫生标准，最高达2040 mg/m³（当时的国家卫生标准为40 mg/m³），超标50倍；4个样品甲苯浓度超标，最高达949 mg/m³（当时的国家卫生标准为100 mg/m³），超标约8.5倍；16个样品正己烷全部超标，最高达85800 mg/m³（新颁布的国家卫生标准为180 mg/m³），超标约476倍。

国务院于2012年4月13日下发了《关于河北省高碑店市农民工苯中毒事件通报的通知》（国发〔2002〕9号），指出了高碑店大多数个体作坊不仅条件简陋、劳动用工不规范，且存在生产经营不规范，无照经营和偷税漏税等违法行为，现场针对工厂所使用的黏合剂进行检测，结果显示苯含量严重超标，且在事件发生初期，当地一些职能部门和监管单位存在严重失职、执法不严等主要问题，以上因素共同造成了高碑店的惨剧。

为了保护劳动者的身体健康和生命安全，维护劳动者的合法权益，严肃法规政纪，国务院要求，河北省人民政府要从高碑店市农民工苯中毒事件中深入反思，认识到问题的严重性，要按照"三个代表"的要求，以对党、对人民群众高度负责的精神，严肃认真地处理好这一事件，并举一反三，研究制订严格管理措施，切实抓好职业卫生、安全生产和农民工权益保障工作。

我国工业企业95%以上都是中小微型企业，这些用人单位职业健康基础薄弱，防护措施不能满足保护劳动者的要求。目前，全国多个地方政府都有针对性地设置了"中小微型企业职业健康帮扶行动"的相关政策，力求切实推动中小微型企业规范职业健康管理，提升职业健康管理水平。

（二）案例分析

（1）培育职业道德感——健康所系，性命相托。河北省高碑店苯中毒群体事件影响恶劣，造成25人中毒，其中5人死亡。可以看出，职业卫生工作的质量直接关系到职业人群的健康，案例中所存在的用人单位不遵守法律法规，相关单位不履行监管职责，都是法律意识淡薄，职业健康意识缺乏的表现。预防医学学生应当具有强大的社会责任感与法律法规意识，工作当中不应当因为利益关系或其他因素而藐视劳动人民的健康。

（2）绿水青山就是金山银山——重视环境保护。另外，该案例中体现出使用的不合格胶黏剂目前在市场上流通量很大，这不仅会对职业者造成严重的健康损害，其有毒成分还有可能随着各种生产废物流入自然环境中，导致环境污染，甚至造成巨大且难以估量的损失。因此，在注重职业安全，避免人群健康受到伤害的同时还要注意环境保护的问题。

（三）课堂讨论

此次苯中毒事件中，工厂使用了不符合国家标准的高毒原料，造成了25人中毒，5人死亡的后果。对于此类事件，我们应痛定思痛，思考行之有效的对策。教师可以引导学生查阅相关文献。

相关思考题：

（1）对工作中可能接触高毒性的苯溶剂的工人，我们应该如何保障工人的健康？

（2）苯及其苯系物所造成的机体危害具有什么共同点？

参考文献

[1] 杨云君. 论我国职业病防治法律规制的进路及完善

[J]．中国劳动关系学院学报，2019，33（6）：88-96．

［2］赵春香，罗荣，李建国，等．2022年高碑店市箱包业苯中毒事件调查分析［J］．中国职业医学，2003（3）：32-34．

［3］国务院关于河北省高碑店市农民工苯中毒事件的通报［J］．山西政报，2002（12）：4-6．

（王　庆　谌晓玉）

第十一章 主要行业的职业卫生

第一节 课程思政教学设计

一、案例教学适用范围

本案例适用于"职业卫生与职业医学""劳动卫生与职业病学""预防医学"本科生和研究生课程中主要行业常见职业有害因素及其健康危害和防控措施相关内容的教学。

二、课程教学目标

1. 知识目标

(1) 掌握传统行业与新兴行业主要职业卫生特点。

(2) 熟悉矿山及冶炼行业的职业卫生;建筑行业的职业卫生;机器制造行业的职业卫生;化学与化工行业的职业卫生;航空行业的职业卫生。

(3) 了解新兴产业的职业卫生。

2. 能力目标

(1) 结合行业工人工作的图片视频,启发学生识别工作环境中的主要职业性危害因素。

（2）掌握对基本知识的巩固和应用，了解目前行业职业卫生现状和努力方向。

3. 价值目标

（1）引导学生对新生代技术的思考，树立正确的科学观、发展观。

（2）通过案例教学，深入理解专业精神，激励学生努力钻研专业知识，培养精益求精的专业能力。

三、教学方法

本章课程教学适宜在已经成熟的教学模式中，以案例方式融入思政相关问题。授课时，可充分运用教师讲授、小组收集资料、小组展示等形式。教师提出讨论问题，将课程教学的知识目标、能力目标和价值目标融入案例讨论。

第二节　课程思政案例及分析

一、纳米材料是一把"双刃剑"

（一）案例内容

2010年，美国亚利桑那州艺术史的教授伊夫林·索伦森被诊断为宫颈癌Ⅱ期，且癌细胞已经扩散到淋巴结。索伦森不甘心，当她了解马萨诸塞州坎布里奇的一项试验——BIND生物科学公司利用超小型纳米技术移动颗粒治疗肿瘤，她毫不犹豫地参加了试验。经过首次治疗，索伦森体内的肿瘤缩小了70%。几年后,她体内已经检测不到肿瘤标志物。这种治疗方法被称为BIND-014,原理是一种带有化学涂层的纳米粒子可追踪恶性细胞,并能输送强效化疗药——多西他赛,选择性地聚集在肿瘤部位,极大提高了疗效。

2003年,在美国化学学会年会上,有3个研究小组发表了纳米材料具有毒性的报告。其中,美国宇航局太空中心的研究团队给小鼠肺部喷碳纳米管溶液,发现碳纳米管可进入小鼠肺泡,并形成肉芽瘤。纽约罗切斯特大学的研究者把大鼠放在含有粒径20 nm聚四氟乙烯颗粒的空气中15分钟,大多数实验鼠在4小时内死亡,而另一组暴露在含120 nm颗粒空气中的大鼠则安然无恙。此外,从事纳米材料行业的工人的健康也面临着纳米粒子暴露的威胁。Song等报道了7名女性工人在含有聚丙烯酸酯的作业环境中暴露5~13个月,出现了气促和胸腔积液的症状。通过透射电镜可在其肺上皮细胞、间质细胞胞浆、胸腔积液中检测到纳米粒子。北京朝阳医院宋玉果研究团队也报告了纳米颗粒导致人发生死亡的案例,认为纳米颗粒暴露可能会引起胸腔积液、肺纤维化和肉芽肿,这些证据都表明纳米材料对人体健康存在潜在威胁。

然而,表面修饰可以改变纳米材料的分散度。比如应用两性聚合物包裹药物,在一定程度上可以减少纳米粒子在血液中与蛋白质的相互作用,避免药物沉聚。表面修饰也可以改变纳米药物在体内的分布,研究发现十二烷基二甲基溴化铵(DMAB)修饰的纳米粒可以促进纳米粒子在PC-3肿瘤细胞中的摄取。聚乙二醇等修饰纳米粒可以帮助纳米粒子逃避网状内皮系统的捕获,赋予纳米载体更高的运输效率。罗马大学的研究团队发现表面修饰影响细胞对纳米材料的内吞、胞内转运途径以及外排能力。他们发现纳米材料的毒性源于表面的CTAB分子,并不是纳米本身,而金纳米材料的表面功能化对细胞摄入和细胞毒性具有决定性影响。表面快速形成的血液蛋白介导了其细胞内吞过程，纳米材料这一特性对优化设计纳米材料的生物应用具有指导意义。因此，对金纳米棒表面修饰实现选择性杀死肿瘤细胞，对生物医学领域的发展具有里程碑式意义。

（二）案例分析

纳米材料的广泛应用给人们的生活带来了翻天覆地的变化。全球范围内预计超过一千万工人从事纳米技术相关工作，因此纳米材料对职业人群健康的影响不容忽视。如何驾驭纳米科技，使之为人类造福而不伤害人类，既是科学界面临的挑战，也已成为各国政府前沿科技发展战略与健康安全的需求。尽管很多研究工作证明纳米材料对生物体会造成负面影响，但是否要谈纳米色变，因噎废食呢？事物作为矛盾的统一体，包含着相互矛盾对立的两个方面。纳米技术的诞生和发展使人类改造自然的能力获得新提升，人类的发展实践能力也受到影响和改变，生产方式也在其带领下发生质的飞跃。然而，事物都具有两面性，我们在关注纳米技术发展进步的同时，也应时刻警惕由于纳米技术滥用导致的各种负面影响，纳米技术的发展必须受到人性的制约，且在制约中获得健康发展。

（三）课堂讨论

（1）纳米材料是否都是有毒的？是否能够通过改造，让有毒的纳米材料为我们所用？

（2）如何开展纳米相关职业人群的健康风险评估，为广大职业人群提供保护建议？

二、"一带一路"上的绿色矿山

（一）案例内容

在刚果（金）卢阿拉巴省的科卢韦齐市，与人们印象中尘土飞扬、飞沙走石的矿区迥然不同，一座中企投资建设的"绿色矿山"坐落其间，红瓦、白墙与绿树相呼应。这座由中国紫金矿业集团旗下穆索诺伊公司打造的矿区距居民区直线距离不到100米。2018年，穆索诺伊公司曾对矿区排土场、尾矿库进行绿化装点。由于边坡土质松软，无论是人工撒种草籽，还是栽种植被都屡遭失败，首批绿植存活率不足10%。采矿厂副厂长林炜发回忆说："土质松软加上施工期间恰逢雨季，运输车辆经常陷入泥土。绿化工作需要依靠挖掘机或人工辅助开展，进度缓慢。"面对困境，公司开展了试种试验，摸索出铺垫腐殖土并结合人工深度种植等方式进行绿化，排土场和尾矿库边坡绿化总面积达到40万平方米。自此，裸露的山体穿上了"绿色盔甲"。当地居民表示，矿区近年推行的绿化工作改善了当地的空气质量，保护了周边居民的健康。从荒凉苍茫到绿意盎然，矿区成为"候鸟天堂"。2019年雨季期间，50多只非洲小白鹭迁至矿区。"绿色矿山"的建设不止于绿树成荫、花鸟成群，更在于绿色开发与转型。2018年底，穆索诺伊公司开展冶炼尾气治理行动，大幅降低了尾气污染。此外，该公司还推动太阳能照明系统等基础设施建设，加大清洁能源使用。

2021年初，刚果（金）同中方签署共建"一带一路"谅解备忘录。穆索诺伊公司总经理张兴勋表示，作为"一带一路"上的"绿色足迹"，矿区将致力于助力中非合作沿着绿色方向发展，紫金矿业将保护好矿区周边的青山绿水，努力实现人与自然和谐共生、人与动物和谐共处。

（二）案例分析

"一带一路"提出近十年，为矿业发展带来了新的历史性机遇。由于矿产资源的有限性和不可再生性，矿产资源行业绿色发展势在必行。2013年9月，习近平主席在哈萨克斯坦用"既要绿水青山，也要金山银山"强调了绿色发展理念。2015年3月，习近平主席在《推动共建丝绸之路经济带和21世纪海上丝绸之路的愿景与行动》中，描述了要协同实现绿色低碳发展、生态文明建设、生物多样性保护和应对气候变化总目标。"一带一路"合作倡议将低碳化、可持续发展、可再生能源的开发利用纳入整体推进方案，使沿线国家获得共享经济合作、绿色生态、可持续发展的福利收益。在这个背景下，作为公共卫生人应该思考可以做些什么，比如努力营造一个良好的采矿工作环境，减少或杜绝职业病发生，关爱职业人群的健康。

（三）课堂讨论

请结合我国与沿线国家矿产资源合作面临的机遇与挑战，谈一下采矿行业职业卫生的转变。

三、首例"过劳死"案件

（一）案例内容

"过劳死"一词源自日语，最早出现在20世纪七八十年代，是指劳动过程中由于沉重的身体、心理负荷导致疲劳的不断累积，造成原有疾病恶化，出现急性循环器官障碍并最终导致死亡。从2013年开始，我国已超越日本成为"过劳死"第一大国,每年"过劳死"的人数达60万。"过劳死"的共同特点是工作时间过长、劳动强度过大、死亡年龄较小、死亡原因不明。死者多为男性是"过劳死"现象的特点,主要压力来自社会责任、人际关系和社会评价。特别是新型冠状病毒感染疫情极大程度改变了人们的工作方式,远程办公已经成为很多行业的工作模式,模糊了家庭与工作之间的界限。此外,很多企业为了省钱而被迫缩减业务规模或关闭业务,导致在岗人员的工作时间增加。

1998年8月14日,上海市静安区某粮油食品公司的职工唐某猝死在岗位上。两年后,家属以其"每天超时工作达17小时,以致过度疲劳致死"为由,在静安区法院提起诉讼,要求该粮油食品总公司赔偿超时加班及双休日节假日加班工资、一次性死亡补助金、丧葬补助金、精神损失费、尸检费等共计20余万元。这是国内首次以"过度疲劳致他人死亡"作为诉讼理由,要求劳动合同的另一方承担经济赔偿或补偿责任,被称为沪上首例"过劳死"案件。应原告请求,司法部司法鉴定科学技术研究所对唐某的尸体做了解剖检查,报告显示,死者生前患有陈旧性结核性胸膜炎、肾上腺陈旧性结核等疾病,因机体功能失去代偿而衰竭而亡。

本案例具有一定普遍性,部分企业为了追求经济效益而忽视劳动者权益的现象较突出,却无相关法律可以严厉惩治此类侵权案例,像唐某这样遭遇的案例不少,应引起社会关注。被告认为,唐某生前的工作时间、工作内容及工作量都符合劳动法规的规定,不是造成其死亡的原因。由于我国目前尚无"过劳死"的法律概念,也无"过劳死"的具体赔偿细则。因此,此案例虽具有特殊性,它是基于劳动用工方面引发的由于用工单位严重违反劳动法规定致使劳动者过度劳累死亡而要求赔偿的侵权纠纷,这一特殊性也反映在原告的诉讼请求中,即在基于民法过错责任赔偿的前提下,部分赔偿数额参照了劳动法规方面的依据。

但对原告提出的各项诉讼请求，他们只愿意依据《劳动保险条例》《劳动保险条例实施修正草案》的有关规定：在职工因病或非因工死亡的，享有的待遇是平均工资2个月，即1548元（被告方平均月工资是774元）补偿给原告。

（二）案例分析

"过劳死"至今未被纳入职业病，家属维权无法律保护，处于尴尬地位，唯一与"过劳死"相近的只有《工伤保险条例》，其中第十五条规定，以下情况视为工伤："在工作时间和工作岗位，突发疾病死亡或者在48小时内经抢救无效死亡的。"然而，很多"过劳死"的劳动者是因为长时间过度劳累所致，其损害结果未必都发生在工作时间和工作岗位上，很可能因劳累在家休息时死亡，因此并不符合视为工伤的认定标准。此外，"过劳死"具有隐蔽、累积、持续等特点，劳动者或者突发疾病但并未死亡，或经抢救后在48小时以外死亡，这些例外情形均有可能发生，同样不符合工伤的法律规定。因此，很多因"过劳死"的家属维权艰难。目前，已经有多名专家和人大代表呼吁将过劳死列为职业病，未来有望被纳入职业病目录。

职业病的一个突出特点是其病因是接触粉尘、放射性物质和其他有毒有害因素。然而，"过劳死"则是因工作强度或工作压力过大、不断累积导致身体机能降低直至衰竭的过程，并不局限于某些特定职业。因病因多样、情况复杂，短时间内将"过劳死"纳入职业病名录、归类固化还存在一定困难。然而，"过劳死"受害人家属可以从侵权角度主张相应的权利，不失为现阶段处理此类案件的一种解决之道，且劳动者"过劳死"也符合侵权行为的法律特点。

（三）课堂讨论

从职业病的诊断原则，谈一下为什么"过劳死"至今还未纳入职业病目录？

四、机长缺氧飞行近20分钟成功迫降

（一）案例内容

2018年5月14日，四川航空机长刘传健驾驶3U8633航班从重庆江北机场起飞。当进入成都区域，飞行高度为9800米高空时发生驾驶舱风挡玻璃爆裂脱落、座舱释压的紧急情况。生死关头，机长刘传健临危不惧，沉着果断处置险情，用专业能力成功脱险，挽救了119名旅客、9名机组人员的生命安全。这是民航史上最为成功的一次紧急备降，被称为"史诗级备降"。两年后，关于川航3U8633备降事件的调查报告公布，披露了刘传健机长当时是在高空缺氧近20分钟的情况下进行紧急备降。

高空缺氧是指在高空因空气压力过低使氧分压过低产生的缺氧。飞机驾驶舱配备有氧气面罩飞机出事时，刘传健机长试图用右手取出氧气面具，未能成功。他左手需要操纵侧杆，而氧气面罩位于身体左后侧，飞机抖动剧烈，他需要集中精力控制飞机，所以未能取出氧气面罩戴上。从挡风玻璃脱落到飞机安全落地，他长达处于缺氧状态近20分钟。很多人在看到的第一时间就觉得不可能，但刘传健偏偏把不可能变成了可能。

刘传健之所以能创造奇迹，依靠的完全是平时的积累。刘传健的妻子说，"丈夫回家后会对每次飞行和每个动作不断地总结反思；即使做了教员，还是经常看书、翻手册、做笔记；每天都坚持训练、认真学习操作，我住院的时候在飞行，孩子出生的时

候也在飞行。"透过这些细节不难发现，能够在生死一线之际成为英雄，正是因为他在日常工作中的一丝不苟的专业精神和扎实的专业能力。

2018年11月10日中午，中央电视台综合频道首播"最美退役军人"的发布仪式，"英雄机长"刘传健说，"作为机长，必须心怀敬畏，始终敬畏生命、敬畏规章、敬畏责任，并且在平时认真地练好自己的岗位技能，才能在关键时刻，保证旅客的安全，保住自己的性命！"

（二）案例分析

专业精神——把不可能变成可能，平凡做到不平凡：

通过刘传健机长的工作生活可以发现，关键时刻的成功迫降，把不可能变为可能，源于专业素养。何为专业精神？就是对自我严格甚至苛刻的要求，追求每一个细节都执行到位的职业习惯。何为专业能力？就是在专业精神基础上锤炼而成的能够迅速处理突发问题的能力，确保自己所在的岗位、所做的工作万无一失。重视专业能力，倡导专业精神，是社会主义核心价值观中"敬业"的体现，是托举行业进步乃至社会进步的一种重要文化因子、精神素养。因此，公共卫生专业的学生应该打好理论基础，提高职业素养和职业技能，将来无论是从事日常烦琐的监测采样还是面临突发公共卫生事件，都能够做到专注精准和临危不惧。

此外，平凡不是不作为或者碌碌而为，而是努力把工作上的每一件事情做好，结果必然不会让你失望。欧阳修的《卖油翁》故事中，卖油翁用一枚铜钱盖住葫芦口，油是通过铜钱方孔倒进入葫芦里面的，铜钱却没有丝毫沾湿。这不就是于平凡之处的不平凡吗？虽然卖油翁是一个普通人，做的工作也很平凡，但是他的技能却并不平凡。因此，对于平凡的我们而言，只要肯下功夫,也可以成为"卖油翁"。

(三) 课堂讨论

结合案例,引导学生思考刘传健为什么可以创造"中国机长"的飞行奇迹?结合知识点,说一说他在缺氧中可能出现的生理变化。

参考文献

[1] 经合组织称纳米垃圾风险亟待加强研究 [EB/OL]. http://www.xinhuanet.com//politics/2016-03/31/c_128849802.htm.

[2] 纳米疑云 [EB/OL]. http://zqb.cyol.com/content/2004-12/15/content_996926.htm.

[3] 赵宇亮. 纳米材料的生物安全性:预防医学的机遇及挑战 [J]. 中华预防医学杂志, 2015, 49 (9): 761-765.

[4] 刘颖, 陈春英. 纳米生物效应与安全性研究展望 [J]. 科学通报, 2018, 63 (35): 3825-3842.

[5] 冯辰昀, 李旭东, 郑妤婕, 等. 纳米材料的毒理学研究进展 [J]. 中国科学:化学, 2022, 52 (1): 15-22.

[6] "一带一路"上的"绿色足迹":中企助力打造刚果(金) "绿色矿山" [EB/OL]. http://news.10jqka.com.cn/20210705/c630682407.shtml.

[7] 中国首例"过劳死"案件 一审法院庭审纪实 [EB/OL]. https://www.lawtime.cn/info/laodong/ldxw/2010081843976.html.

[8] 郑晓珊. "过劳死"之职业关联性疾病救济进路. [J] 法学, 2020, 5 (462): 76-92.

[9] 川航机长缺氧飞行近20分钟:把不可能变成可能,平

凡做到不平凡[EB/OL]. https://www.360kuai.com/pc/9d43681b84e06c8bb?cota=3&kuai_so=1&sign=360_57c3bbd1&refer_scene=so_1.

[10] 最帅川航机长:刘传建[EB/OL]. https://www.163.com/dy/article/DNI6FM0B05380VBU.html.

(陈丽萍)